Publicado por
Industrias Gráficas Papyros 1455 CA
Barquisimeto, Edo. Lara. Venezuela
Derechos reservados

© 2016
Derechos Reservados
ISBN: **1540814009**

Ninguna parte de esta publicación podrá ser reproducida, procesada en algún sistema que la pueda reproducir, o ser trasmitida en alguna forma o por algún medio -electrónico, mecánico, fotocopia u otro, excepto para breves citas en reseñas, sin el permiso previo de los editores.

Diagramación del libro y diseño de la portada
por Alexander Mendoza (0426-7517854)
mendoza.alexander@gmail.com

Impreso en Venezuela

"...buscad primeramente el reino de Dios y su justicia, y todas estas cosas os serán añadidas".
(Mateo 6: 33)

ÍNDICE DE CONTENIDO

INTRODUCCIÓN

DESCUBRIENDO AL ENEMIGO

ROMPIENDO PARADIGMAS

HABLEMOS DE DINERO

DESCIFRANDO EL CÓDIGO DEL DINERO

PRIMER PASO: HAGA UNA RADIOGRAFÍA DE SUS FINANZAS

SEGUNDO PASO: INICIE LA CREACIÓN DE UN FONDO DE EMERGENCIA

TERCER PASO: EL "PLAN BOLA DE NIEVE" PARA SALIR DE DEUDAS

COMPLETE EL FONDO DE EMERGENCIA

QUINTO PASO: AHORRE

SEXTO PASO: CAPACÍTESE

SÉPTIMO PASO: INVIERTA

UN CONSEJO FINAL PARA ALCANZAR LA LIBERTAD FINANCIERA

INTRODUCCIÓN

El propósito de este libro es ayudar a las personas a aclarar la perspectiva de Dios en lo que se refiere a las finanzas. Durante mucho tiempo hemos permitido que otras personas ejerciesen una influencia sobre lo que pensamos, lo que sentimos y lo que creemos acerca del dinero. Se han creado paradigmas tales como que *"el dinero es el origen de todos los males"* convencidos de que eso procede de las Escrituras, pero no es así, ya que esas actitudes proceden de los hombres y no de Dios. **1 Timoteo 6:10** nos dice: *"porque la raíz de todos los males es el amor al dinero, el cual codiciando algunos, se extraviaron de la fe, y fueron traspasados de muchos dolores."*

El dinero no es ni bueno ni malo, lo que es bueno o malo es lo que hay en nuestros corazones, ya que podríamos usar el dinero tanto para financiar una guerra, como para combatir la pobreza en el mundo.

Tu corazón tiene mucho más valor para Jesús que el simple dinero. Cristo murió para que tu pudieras: *"Tener vida y para que la tengas en abundancia"* (Juan 10: 10). Las motivaciones correctas son el fundamento en *Atrévete a Ser Rico. Perfeccionando el Arte de Hacer Dinero*, son expuestas muy claramente en la Palabra de Dios y tienen mucho sentido.

En los centros educativos de Venezuela y en otros países del mundo, nos enseñan a ser buenos profesionales y a trabajar como empleados para las empresas, pero no nos enseñan los principios bíblicos y técnicos sobre la administración del dinero y la manera de multiplicarlo. Definitivamente, la experiencia de ganar, gastar y multiplicar nuestro dinero se aprende en la vida real, no en las aulas de clase.

El dinero es tan importante que se puede decir que casi dos tercios de las parábolas de Jesús tratan acerca del uso y manejo del dinero. Probablemente te sorprenderá oír que más de 2.000 versículos – de Génesis a Apocalipsis – están relacionados con el dinero y las posesiones. La Biblia nos enseña cuán diferente es la economía de Dios de la economía del mundo. *"porque mis pensamientos no son vuestros pensamientos, ni vuestros caminos mis caminos, dijo Jehová. Como son más altos los cielos que la tierra, así son mis caminos más altos que vuestros caminos, y mis pensamientos más que vuestros pensamientos."* (Isaías 55: 8-9)

Dios sabe lo importante que es el dinero en nuestras vidas; y también conoce nuestra necesidad de manejarlo sabiamente. Por eso ha provisto conocimiento acerca de ganar, gastar, evitar deudas, ahorrar, invertir y vivir con la eternidad en mente. Dios se preocupa por nuestro bienestar y ha provisto principios muy prácticos para ayudarnos a manejar el dinero y evitar la esclavitud financiera.

Si estás sintiendo presión financiera, posiblemente desearías haber sido expuesto a la sabiduría de la Biblia en cuanto a cómo manejar el dinero. Una de las frases que puedes saber, ahora mismo, y a la que puedes dar la bienvenida, es lo que dice Dios: ***"No temas"***. Él se lo dijo a Israel en Isaías 41: 13 *"Porque yo Jehová soy tu Dios, quien te sostiene de tu mano derecha, y te dice:* **No temas***, yo te ayudo"*

Escoger las inversiones financieras es sólo una parte de la administración del dinero; la administración del dinero es sólo una parte de la administración de la vida. Y la gran pregunta - ¿En qué vas a invertir tu vida? – determina el contexto de todo el resto.

Estás a punto de encontrarte con buenas noticias en las páginas de este libro. ¡Tómalo en serio!

Ganando, gastando, evitando deudas, ahorrando, invirtiendo, viviendo con la eternidad en mente mientras descubres la guía de valores de Dios – estos son algunos de los tópicos prácticos que estás a punto de explorar en este libro.

Aprende lo que Dios tiene que decir acerca de la vida, incluyendo tus finanzas, y ponlo en práctica. No es demasiado tarde.

Atrévete a Ser Rico, te ofrece un plan de siete pasos para alcanzar la libertad financiera. Es un plan que ha funcionado con éxito en millones de personas alrededor del mundo, y en usted también funcionará, en la medida que aplique los principios que aquí se enseñan. Si Dios lo dice, yo lo creo; y si yo lo creo, Dios lo hará.

En definitiva, este es el perfecto libro de cabecera para cualquiera que desee conocer el plan de Dios para tus finanzas. Es un libro para leer, releer, señalar, anotar y practicar.

Es mi más sincero deseo que este libro le ayude a alcanzar el éxito y la prosperidad que Dios quiere para usted.

No me cabe más que decir, ¡Manos a la obra! Disfrute el viaje.

Dios te bendiga.
Dr./Pastor: Jorge Luis Albino

CAPÍTULO I

Descubriendo al Enemigo

"Porque lo que hago, no lo entiendo; pues no hago lo que quiero, sino lo que aborrezco, eso hago" (Romanos 7: 15)

Nací en Barcelona, Venezuela. A la orilla del mar. De padres separados desde que tengo conciencia de mí, y en medio de una pobreza que jamás acepté. No tenemos ninguna responsabilidad por el lugar donde nacimos pero somos responsables de lo que podemos y debemos llegar a ser.

Siendo un niño de apenas diez años, tomé una decisión que marcó mi vida. Elegí ser rico. Y a los cuarenta años lo logré. Tenía activos en bienes raíces valorados en más de cinco millones de dólares. Yo era bueno en bienes raíces, pero era mejor en pedir dinero prestado, trabajaba con el dinero de otras personas. Aun cuando llegué a ser millonario, había construido un castillo de naipes.

Para mí el dinero fue una maldición en lugar de ser una bendición, por no conocer para ese entonces los principios bíblicos sobre la administración y multiplicación del dinero. Para hacer el cuento corto, pasé por un infierno aquí en la tierra, perdí un matrimonio de veinte años, el derumbe familiar y moral, la ruina financiera y una extraña enfermedad que casi me lleva a la muerte. Lo perdí todo en un período de tres años. Me demandaron, fui a juicio hipotecario y, finalmente, quedé en bancarrota. *Asustado* no es la palabra que define bien como me sentía. *Fracasado* viene mejor, el peor de mis fracasos. Entonces tomé otra decisión que marcó nuevamente mi vida. Decidí que necesitaba un cambio, y clamé a Dios en la soledad de mi apartamento frente al mar, y le dije: *"Señor, no quiero morir, muéstrame tu luz, muéstrame el camino para llegar a ti".*

¡Tan desorientado como un barco sin brújula! Así es como exactamente me sentía. Aunque eso fue hace algunos años, puedo aún experimentar mis sentimientos como si fuera ayer. Desmoralizado, perdido, sin la energía necesaria.

No me sentía como un adulto poderoso; al contrario, en mi interior había un niñito con mucho miedo: miedo a las cuentas mensuales, miedo al pago de la hipoteca de este mes, miedo a volver a fracasar, y totalmente aterrorizado cuando consideraba el futuro. ¿Cómo iba yo a pagar la universidad de mis hijas, a jubilarme, a disfrutar la vida y a no vivir bajo la preocupación del dinero?

Así, pues, luego de perderlo todo, me lancé a la búsqueda, una búsqueda para encontrar cómo de veras funciona la vida y todo lo relacionado con el dinero, cómo controlarlo y cómo podía confiar en el manejo del mismo. Leí todo lo que caía en mis manos. Estudié y hablé con personas ricas de mayor edad, gente que hizo dinero y lo conservó. Esa búsqueda me llevó a un lugar donde me sentí bien incómodo: a mi espejo. Y vine a darme cuenta de que mis problemas, mis preocupaciones y mi escasez de dinero comenzaban y terminaban en gran medida con la persona que tenía ante mí en el espejo. Descubrí al enemigo, y el enemigo era yo. Comprendí también que si yo podía aprender a dominar al personaje que se afeitaba todas las mañanas, también podía triunfar en los asuntos de dinero.

Esa búsqueda, la que terminó con mi contemplación ante el espejo, me llevó a una nueva ruta durante los últimos años: la de ayudar a otros a emprender la misma búsqueda ante el espejo. Conferencias, talleres, seminarios, libros, en formato presencial y online, me han permitido decirles a las personas alrededor del mundo, lo que aprendí acerca del dinero.

EL GRAN DESAFÍO: BUSQUE UN ESPEJO

Tengo un reto para usted. ¿Está dispuesto a enfrentarse con la persona, sea hombre o mujer, que aparece en el espejo? Si lo está, usted está listo para la victoria. Yo descubrí la fórmula sencilla que tiene Dios para manejar el dinero. La creación del dinero no es una ciencia, es un arte; no es un secreto, es una estrategia. Ganar en el campo del dinero es ochenta por ciento comportamiento y veinte por ciento conocimiento. Lo que hay que hacer no es el problema, hacerlo sí lo es. La mayoría sabemos lo que hay que hacer, pero sencillamente no lo hacemos por falta de autodisciplina. Si yo puedo controlar a la persona que está ante el espejo, puedo llegar a ser delgado y rico. Dejemos que otros libros hablen de adelgazar, y yo los ayudaré con la parte de la riqueza. No, no hay secretos y sí, la cosa es bien difícil. Oiga, si fuera fácil, cualquiera sería rico. Así, pues, *Atrévete a ser Rico* comienza con un desafío. El desafío es usted. Usted es el problema con su dinero.

Ni el canal financiero ni algunos programas grabados son su respuesta; usted es la respuesta. Usted es el rey de su futuro y yo tengo un plan. El plan en *Atrévete a ser Rico, Perfeccionando El Arte de Hacer Dinero* no es teoría. Es algo que funciona siempre. Funciona porque es sencillo.

Funciona porque va al meollo de sus problemas económicos: usted.

Está basado en una serie de precios que hay que pagar para ganar. La clave del éxito se estructura en tres fases: Primero, determine dónde está y adónde quiere legar; Segundo, determine pagar el precio para llegar allí; y tercero, pague el precio.

Todos los que ganan pagan un precio por ello. Algunos perdedores pagan un precio y nunca ganan, y eso es lo común porque no tienen el beneficio de un plan probado para estar en forma financieramente.

GENTE COMÚN Y CORRIENTE

Decenas de miles de personas comunes y corrientes han usado el sistema que se explica en este libro para salir de deudas, reconquistar el control y crear riquezas. Si en algún momento durante su renovación se ve tentado a desistir o si necesita un poco de estímulo, piense en esas personas, ellas se sacrificaron por un breve período de tiempo, para nunca más tener que sacrificarse otra vez.

Si está buscando un mapa para alcanzar el éxito y la prosperidad, lo encontró. Si está buscando algo fácil y rápido, este no es el libro. Si está buscando uno que lo ayude a aprobar su examen de contador público o conocimiento financiero, este no es el libro. Si está buscando un escritor con intrincadas teorías (que no funcionan en el mundo real), se ha equivocado de autor. Poseo títulos académicos, he estudiado en Caracas, Miami y Nueva York, pero terminé arruinado. He llegado a ser millonario partiendo de cero. La primera vez tenía cuarenta años, el dinero estaba en bienes raíces y bolsa de valores, y lo perdí debido a la debilidad de mi carácter, pero en esta segunda ocasión hago con el dinero lo que es correcto, y estoy libre de deudas. ¡*Atrévete a Ser Rico, Perfeccionando El Arte de Hacer Dinero* da resultado!

MI PROMESA PARA USTED

Mi promesa para usted es: Si sigue la orientación de este sistema probado de sacrificio y disciplina, podrá estar libre de deudas, comenzar a ahorrar y dar como nunca antes. Creará riquezas. Además, le aseguro que todo depende de usted. *Atrévete a Ser Rico* no es una fórmula mágica para alcanzar la riqueza. Este sistema no funciona a menos que usted funcione, y solamente en el grado de intensidad en que sea capaz de ponerlo en marcha. Hay muchos individuos y familias que han ganado muchas victorias monetarias pero ni una de ellas se ganó hasta que ganaron la batalla con el personaje del espejo.

Su situación no es culpa de su esposa (bueno, quizás, pero de eso hablaremos más adelante), no es por culpa de sus padres, ni de sus hijos, ni de sus amigos.
¡ES CULPA SUYA!

Mi vida financiera comenzó a cambiar cuando asumí toda la responsabilidad de ella. A través de muchos países alrededor del mundo hay personas que han utilizado estos pasos para llegar a ser libres, reconquistar un sentido de confianza y control, y forjar un futuro mejor para sus familias. Por favor, acompáñeme en un viaje lejos del joven que era yo, el que describí anteriormente, que estaba atormentado con preocupaciones, temores y culpa respecto de la vida y el dinero.

Haga este viaje conmigo rumbo a la libertad financiera, el éxito y la prosperidad que Dios quiere para usted, pero recuerde que la primera parte de la búsqueda es descubrir al enemigo, y confrontar al hombre del espejo.

Ese hombre del espejo es su desafío en *Atrévete a Ser Rico, Perfeccionando El Arte de Hacer Dinero*

CAPÍTULO 2

Rompiendo Paradigmas

"No os conforméis a este siglo, sino transformaos por medio de la renovación de vuestro entendimiento, para que comprobéis cuál es la buena voluntad de Dios, agradable y perfecta"
(Romanos 12: 2)

Rompiendo Paradigmas: Para alcanzar la Libertad Financiera, debemos cambiar nuestra manera de pensar con respecto al dinero.

5 paradigmas a romper:

1. **El dinero es el origen de todos los males**. 1 Timoteo 6:10 dice: *"porque la raíz de todos los males es el **amor** al dinero, el cual codiciando algunos, se extraviaron de la fe, y fueron traspasados de muchos dolores"*
   El dinero en sí mismo no es ni bueno ni malo, es sólo un medio para lograr un fin. Lo que es bueno o malo es lo que tenemos en nuestro corazón. Podemos usar el dinero para financiar una guerra o para combatir la pobreza en Venezuela. Así que si usted tiene un buen corazón, puede elegir ser rico.

2. **La humildad es igual a pobreza.** Al rico y al pobre a ambos los creó Dios. Elija ser rico. Usted tiene libre albedrío.
   Proverbios 22: 4 dice: *"Riquezas, honra y vida son la remuneración de la humildad............"*

Usted puede ser inmensamente rico y al mismo tiempo tener la humildad para aceptar que sin Dios nada podemos hacer.

Dios tiene un propósito con cada uno de ustedes. *"Porque yo sé muy bien los planes que tengo para ustedes, afirma el Señor, planes de bienestar y no de calamidad, a fin de darles un futuro y una esperanza"* (Jeremías 29:11).

La oración del Padre Nuestro dice: *"...hágase tu voluntad así en la tierra como en el cielo".* Y en el cielo no hay pobreza.

3. *El dinero no da la felicidad.* Es verdad, pero vamos a convenir que la pobreza tampoco.

   *"A los ricos de este siglo manda que no sean altivos, ni pongan la esperanza en las riquezas, las cuales son inciertas, sino en el Dios vivo, que nos da todas las cosas en abundancia para que las **disfrutemos"*** (1 Timoteo 6: 17)

4. *Se necesita dinero para hacer dinero.* Robert Kiyosaki dijo: *"Los problemas de dinero no se resuelven con dinero, se resuelven con Educación Financiera".*

   Solo se necesita una idea y Educación Financiera. Se necesita una base sólida de conocimiento Financiero.

   Por ejemplo, si yo le doy un millón de Bolívares hoy, a la vuelta de un año cuánto dinero tendría sin educación financiera? Lo más probable es que no tenga nada. Llene su mente del conocimiento financiero, y su mente llenará su bolsillo de dinero.

5. *Estudia, consigue un buen trabajo y retírate pensionado.* Ese fue el consejo de nuestros padres durante la Era Industrial. Hoy decimos: estudia, consigue un buen empleo, gana experiencia, crea tu propio negocio y retírate rico. Vivimos en la Era de la Información.

   En la Era Industrial a Henry Ford le tomó 23 años hacerse rico.

Hoy, en la Era de la Información a Michael Dell le tomó sólo 3 años.

CAPÍTULO 3

Hablemos de Dinero

"...buscad primeramente el reino de Dios y su justicia, y todas estas cosas os serán añadidas" (Mateo 6: 33).

Hay sólo DOS verdades claves que conducen a la libertad financiera en el largo plazo. Desde un punto de vista espiritual, usted debe reconocer que Dios es el dueño de todo; y desde un punto de vista práctico, usted debe gastar menos de lo que gana. Sin un compromiso con estas dos verdades, usted nunca será económicamente libre.

En este capítulo veremos la importancia de saber administrar el dinero. Esto representa la gran responsabilidad de lo que hacemos con él, y cómo podemos multiplicarlo de manera que sobreabunde para lograr la libertad financiera. Para llegar a este punto debemos entender algunos términos que emplearemos.

Empecemos por el significado de la palabra *libertad*. Algunas definiciones afirman que libertad es: "Ausencia de necesidad". "Condición o estado del que no está sujeto a un poder extraño, o a una autoridad arbitraria". Así las cosas, no tener libertad significa estar sometido a, u oprimido por.

En cuanto a la libertad, el tema financiero no puede ser ajeno. Por esta razón es que últimamente escuchamos la frase: *"Libertad financiera"*. ¿Sabía usted que la falta de dinero es una forma de esclavitud, opresión, depresión, y aun de rechazo social? Con este preámbulo, entremos en materia sobre la definición de algunos términos o expresiones modernas en el campo de las finanzas:

¿Quiénes son libres financieramente? A este grupo pertenecen las personas que mantienen un excelente nivel de vida económica. Sólo trabajan por gusto propio y desarrollo personal. Si ellos quisieran, podrían dejar de trabajar y continuarían devengando unos ingresos que les permitirían mantener ese estilo de vida. Estas personas se caracterizan porque trabajan de manera inteligente, más que arduamente, es decir, que obtienen mucho dinero con negocios realizados primero en la mente y luego en la realidad, de manera opuesta a quienes trabajan arduamente largas horas y perciben tan solo unas cuantas monedas, y como si fuera poco, están tan ocupadas que nunca apartan un tiempo para dejar fluir nuevas ideas que les permitan producir dinero.

Pero tranquilo apreciado lector, si usted trabaja arduamente para conseguir el sustento de su familia, permítame asegurarle que todos hemos pasado por el mismo proceso, y al igual, también todos tenemos la misma oportunidad de alcanzar la libertad financiera, si aplicamos los consejos mencionados en el presente libro.

Quienes han alcanzado la libertad financiera son personas innovadoras, siempre están pensando en crear fuentes de ingresos o columnas de sostenimiento y una vez creadas, las estabilizan, las reproducen y las multiplican. Las finanzas son similares a una edificación, si tienen unas buenas columnas de sostenimiento, difícilmente la estructura se afecta, todo lo contrario, cada vez se hacen más sólidas y se cuenta con mayor tiempo libre para disfrutar.

¿Por qué el Huerto del Edén era tan fértil y próspero? Porque estaba rodeado de cuatro fuentes de agua, cuatro ríos, si uno se secaba tenía tres que seguían alimentándolo. ¿Cuántas fuentes de ingresos tiene usted hoy? Los patriarcas bíblicos todos tenían cuatro negocios. Abraham tenía cuatro negocios

(Génesis 12: 16), Isaac tenía cuatro negocios (Génesis 26: 12-14; 18), Jacob tenía cuatro negocios (Génesis 32: 6-8), Job tenía cuatro negocios (Job 1: 3)

Finalmente, las personas libres financieramente no se preocupan por conseguir dinero ya que éste llega a sus cuentas bancarias como resultado de todas las columnas de sostenimiento que han creado. En otras palabras, podrían dejar de trabajar sin tener problemas de flujo de dinero y sin disminuir su calidad de vida.

OTRAS DEFINICIONES IMPORTANTES

Ahora debemos entender el término *riqueza*, palabra que a lo largo de la historia ha tenido diferentes definiciones, y que lógicamente está muy relacionada con el significado de la *libertad financiera*, frase sobre la cual tenemos plena claridad. Por *riqueza* se ha entendido siempre: "*La abundancia de bienes*". En una época fue representada por el oro, en otra por los productos y bienes raíces, y ahora en petróleo, vehículos, computadoras y electrodomésticos, por ejemplo. Sin embargo, es necesario complementar esta definición ya que una persona puede tener muchos bienes, pero si no tiene la capacidad para producir dinero para mantenerlos, pronto desaparecerán y se acabará la *riqueza*. De manera que la *riqueza* (bienes y dinero) debe tener una columna de sostenimiento que la mantenga y la incremente.

La historia demuestra que hubo naciones que confiaron en su *riqueza* aurífera o petrolera, pero una vez agotados estos yacimientos se acabó la *riqueza*. Quedaron grandes construcciones y amplias autopistas, pero sin columnas o fuentes de dinero para mover la economía. Lo mismo le ha pasado a numerosas personas que teniendo abundancia de bienes, no supieron crear columnas de sostenimiento que continuaran generando dinero. Este es el caso de muchos deportistas, quienes teniéndolo todo, en un momento dado, y con el paso de algunos años, quedaron en la ruina, porque la única columna financiera era su mismo cuerpo, el cual se fue desgastando. Cuando estas personas tan adineradas, pierden el trabajo, los contratos, la empresa o la única columna financiera de sostenimiento, tienen que vender sus bienes para sobrevivir, y lógicamente llegan al punto de quedar sin nada. No constituyeron bases para sostener ni incrementar la evidente *riqueza*.

Esto nos demuestra que la abundancia de bienes no garantiza la *riqueza*, sino saber crear o adquirir diferentes fuentes que permanente y constantemente generen dinero. Lo que he estado señalando como fuentes de ingresos o columnas de sostenimiento es de lo que hablaré de manera específica más adelante.

Recordemos que en el caso de algunas naciones la riqueza solo les alcanzó para unas décadas porque basaron su economía en el petróleo, y cuando éste se agotó, vino la caída debido a que no existían otras fuentes para generar dinero, Por lo tanto, hoy en día la riqueza se debe medir en términos de tiempo, en otras palabras, ¿para cuánto tiempo alcanzarían los recursos que tenemos hoy, manteniendo un buen nivel de vida, si en este momento dejáramos de trabajar y dependiéramos únicamente de las fuentes de ingresos o columnas de sostenimiento que hemos creado?

Según lo dicho hasta el momento, podemos entender *riqueza* como:

Riqueza. Es el tiempo (en términos de días, meses, años o generaciones) durante el cual una persona puede vivir en el nivel de vida que desea, permitiendo que los ingresos provengan exclusivamente de las columnas de sostenimiento que posee en el momento.

Reflexionemos: ¿Si en este momento dejáramos de trabajar o producir, para cuanto tiempo nos alcanzarían las "riquezas", o de qué fuente económica nos sostendríamos?

La clave está en el tiempo que la persona pueda sostenerse en el nivel de vida al que ha estado acostumbrada y en la capacidad de mantener todos los bienes con que cuenta, o si le es necesario empezar a venderlos para sobrevivir. Conozco el caso de muchos ejecutivos y profesionales aparentemente ricos, que al momento de perder sus empleos o dejar de trabajar por alguna circunstancia de fuerza mayor, han tenido que vender sus autos, casas y otros enseres para poder subsistir.

Recordemos que todos vamos a llegar a una edad en donde quizás nos veamos obligados a descansar y, ¿de qué viviremos? Por esto vuelvo a retomar el caso de grandes deportistas y otro tipo de personas, que en un momento amasaron grandes fortunas representadas en muchos bienes, pero no se preocuparon por crear fuentes de ingresos o columnas para sostenerlos.

Con relación a otros términos que utilizaremos en este Capítulo, continuemos definiendo la expresión: *"Fuentes de ingresos o columnas de sostenimiento".*

Veamos de qué se trata, y además otras definiciones muy importantes:

Fuentes de ingreso o columnas de sostenimiento. Son la base y el fundamento de la riqueza, la sostienen y permiten su duración y su crecimiento.

Hemos tenido el concepto de que tener muchos bienes (casas, autos, yates, haciendas, joyas, etc.) es sinónimo de riqueza. En mi opinión personal estos bienes son el resultado y el fruto de una riqueza; la riqueza en sí está en la *fuente o columna* que proporciona los recursos para comprar o adquirir tales bienes.

Existen tres tipos de columnas: las conformadas por el talento natural, por los bienes productivos y por las empresas.

Columnas de sostenimiento por talento natural. Para un cantante la riqueza comenzó en el talento de su voz, para otros en el de componer canciones, o en la capacidad de ser el mejor en competencias físicas, en el arte de vender, de comprar, de escribir, de diseñar, entre otros. Todos tenemos un don, una riqueza natural que Dios nos ha dado para explotar, pero una vez descubierto este don, esta primera columna financiera, debemos acompañarla adquiriendo *bienes productivos*, es decir, bienes que nos generen más dinero del que ya hemos alcanzado con nuestro talento natural, porque *una sola columna no puede ser suficiente.* ¿Recuerdan el caso que ya les mencioné de algunos deportistas?

Columnas de sostenimiento por bienes productivos. Todo bien tangible o intangible que *genere dinero* para las cuentas de una persona (acciones, regalías, títulos valores, dividendos, inmuebles y autos rentados, maquinaria alquilada, vehículos de servicio, etc.).

Estos bienes se caracterizan porque al ponerlos en servicio comienzan a producir dinero a sus propietarios sin que éstos tengan que mantener una presencia física en el lugar.

Columnas de sostenimiento por empresas. Estas columnas se conforman básicamente con empresas de productos, bienes y servicios. Por lo general existen dos tipos de propietarios: los dueños permanentes, quienes deben estar atentos al desarrollo de las mismas, y los dueños temporales (inversionistas), quienes están menos comprometidos y más a la expectativa de las utilidades, pues si no hay resultados venden su parte y se retiran a otros mercados.

Puesto que hemos tratado el tema de los bienes productivos, debemos aclarar qué son los bienes improductivos.

Bienes improductivos. Todo bien tangible o intangible que ocasiona salidas de dinero a la persona que los posee.

Esta definición de ninguna manera pretende calificar los bienes improductivos como dañinos o no deseables, por el contrario, dichos bienes son necesarios para tener una vida excelente. La palabra improductivos hace referencia a la "producción de dinero", es decir, que dichos bienes no producen ningún dinero, a menos que se vendan, mientras tanto, lo único que generan son salidas de recursos.

Dentro de esta categoría podemos incluir bienes como por ejemplo: la acción de un club, una casa familiar, una finca, un vehículo particular, joyas y electrodomésticos, pues aunque no tengamos deudas vigentes sobre ellos, éstos no producen dinero. Simplemente son bienes que nos prestan un servicio y a su vez demandan dinero para mantenerlos.

La mayoría de sus propietarios, con el tiempo comprenden que es mejor convertir algunos de estos bienes en productivos, lo cual es una excelente decisión. Por ejemplo, comienzan rentando sus fincas en ciertas temporadas, compran inmuebles para luego venderlos, etc. Aunque es bueno y satisfactorio tener este tipo de bienes (casa propia, vehículo particular, joyas, etc.), las personas interesadas en conseguir dinero y multiplicarlo, dan prioridad a la construcción de *columnas de sostenimiento* a través de *bienes productivos* los cuales generan ese buen flujo de dinero que a la postre permite comprar la casa, el carro y la finca, e incluso algunos o muchos lujos adicionales.

Ingreso pasivo o residual. Es el dinero que llega a nuestras cuentas sin la necesidad de trabajar intensamente por él. Para obtenerlo se hizo un esfuerzo inicial en tiempo pasado, pero hoy por hoy, se recibe por inercia. Generalmente proviene de los *bienes productivos*.

Ingreso activo. Es el dinero que ingresa a nuestras cuentas como producto directo de nuestro trabajo, esfuerzo físico y/o mental. Para recibirlo es necesario movernos, esforzarnos, trabajar arduamente por él mientras podamos. Está relacionado directamente con nuestra capacidad física y mental para trabajar.

Estas definiciones: libertad financiera, riqueza, columnas de sostenimiento por talento natural, por empresas, por bienes productivos, bienes improductivos, ingreso pasivo e ingreso activo, nos permitirán entender la manera de optimizar y multiplicar el dinero, pero antes de profundizar en este tema, es importante que haga una reflexión sobre su actitud frente al dinero, debe reconocer si le interesa o no, tener dinero. Si no le interesa, su lectura podría terminar aquí, pero si le interesa y tiene el propósito de ayudar a su familia, a la iglesia, a la comunidad que le rodea y más adelante a otras causas nobles, prosiga recorriendo las páginas de *Atrévete a ser Rico, Perfeccionando el Arte de Hacer Dinero*, porque sin duda será la herramienta útil que logre estos objetivos. Por ahora, permíteme presentarte mi posición sobre tener dinero.

NUESTRA ACTITUD FRENTE AL DINERO

Muchas personas piensan que el dinero es dañino y las corrompe, pero en realidad éste es sólo un medio de pago, un sencillo papel que sirve para intercambiar bienes y servicios. El dinero no tiene vida, cualidades, defectos ni virtudes, y lógicamente es un símbolo inerte. Fue creado para facilitar las transacciones comerciales. El asunto está en la formación de valores y principios que hay en las personas que desean tener dinero. Cuando hay carencia de valores, las personas se tornan dañinas y corruptas en su afán por ser adineradas.

Ya que deseamos tener salud financiera, dinero suficiente, debemos reflexionar seriamente acerca de las siguientes preguntas y tomarnos al menos cinco segundos en cada una de ellas:

- ¿Por qué razón quiero tener dinero en abundancia?

- ¿Estoy dispuesto a compartirlo con otros, aun fuera de mi núcleo familiar?

- ¿Qué cantidad de dinero, de acuerdo a mi capacidad y preparación, puedo administrar?

- ¿Mi esencia como persona cambiaría si tuviera mucho dinero?

Si con el dinero usted se propone ayudar incondicionalmente a otros, seguramente cada día llegarán más recursos para que los administre. Con base en esta realidad, recuerde la ley universal de "causa y efecto", o esta otra afirmación similar que dice: "...todo lo que el hombre siembre, eso mismo cosechará o recogerá".

¿Qué reflexión le sugieren los siguientes comentarios o pensamientos?:
- No me interesa el dinero...
- Tengo como sostenerme y eso me basta...
- No puedo permitirlo, eso está en contra de la voluntad de Dios...
- Invertir es un riesgo...
- El dinero no lo es todo, además es avaricia...
- Me conformo con que Dios me dé lo estrictamente necesario...

Para continuar su lectura, usted debe identificarse con las siguientes expresiones, las cuales comienzan utilizando este encabezado: "Quiero tener dinero suficiente...

- ...pues así podré disponer de más tiempo para formar y educar a mis hijos y compartir con mi familia.

- ...para apoyar a mis seres queridos y las buenas obras sociales.

- ...así podré ofrecer empleos y ayudar a la estabilidad financiera de muchas familias.

- ...así podré tener tiempo y dinero para cuidar mi salud, la de mi familia y tener una buena vejez.

- ...para tener la oportunidad de viajar y conocer las maravillas del mundo.

LAS FUENTES O COLUMNAS QUE GENERAN DINERO

Como lo hemos afirmado a lo largo del presente capítulo, las piezas claves para alcanzar riquezas, y por ende libertad financiera, son las fuentes o columnas de sostenimiento, razón por la cual profundizaremos un poco más acerca de este tema.

Ahora bien, aunque las actividades de donde se obtiene dinero pueden ser diversas y variadas, básicamente las podemos agrupar en tres grandes categorías:

- Talento Natural
- Bienes Productivos
- Empresas

Talento Natural. ¿Sabía usted que el talento que Dios le entregó es su fuente o columna financiera primaria para generar dinero? ¿Ya lo descubrió? Analice por un momento qué talento tiene usted y qué tanto lo ha explotado. Para recordar citaré algunos de ellos: talento para cantar, diseñar, crear, danzar, ingeniar, componer, investigar, servir, habilidad matemática, determinado deporte, la oratoria, oportunidad de negocios, recrear, divertir, amar a los animales, liderazgo y enseñar, entre otros. A partir de ese talento natural es que las personas comienzan a formar sus riquezas.

Pero si todos contamos con un talento primario, ¿por qué algunos alcanzan mayores riquezas que otros? La diferencia está en la explotación del talento; en otras palabras: tomar acción.

La mayoría de las personas sólo desarrollan parte de su talento y lo ponen al servicio de las empresas donde trabajan como colaboradores y no lo potencializan para usufructo propio, Mi recomendación es: si usted es empleado, *sin abandonar su trabajo y de manera simultánea,* comience ahora mismo a sacar provecho de ese talento para usted y su familia.

El talento natural que sostiene la economía de una persona y su familia debe explotarse al máximo, sin embargo, por ningún motivo se recomienda depender exclusivamente de él, puesto que para obtener mayores ingresos será necesario trabajar más tiempo, y esto no es lo ideal, en un principio puede ser así, pero hay que trabajar inteligentemente, como veremos más adelante. Además, ante cualquier eventualidad que impida la actividad física o mental de la persona, se debilita inmediatamente la estructura financiera de la familia.

Cuando los ingresos dependen exclusivamente de un talento desarrollado como empleado, y mejor aún, como persona independiente (auto-empleado), se recomienda crear, a la mayor brevedad posible, otra columna adicional llamada *bienes productivos,* por que depender de una sola fuente de ingreso conlleva cierto riesgo.

Bienes Productivos. Una persona puede desarrollar sus talentos, pero a su vez crear una columna de sostenimiento adicional a través de la adquisición de *bienes productivos*. Aquí vuelvo a recordar su definición: "Todo bien tangible o intangible que *genere dinero* para las cuentas de la persona que los posee (acciones, regalías, títulos valores, dividendos, inmuebles y autos rentados, maquinaria alquilada, vehículos de servicio, etc.)".

Sé del testimonio de ejecutivos brillantes que obtenían tremendos ingresos como producto de sus empleos, pero se dedicaron a adquirir bienes improductivos mediante el uso indiscriminado de sus tarjetas o cupos de crédito que parecían inagotables, y ante una situación de desempleo, se vieron obligados a vender todo lo que tenían o a entregar a los bancos los inmuebles que habían comprado.

Al contrario, me impacta positivamente el caso de un amigo cuyos ingresos provenían del salario como empleado. Poco a poco y con mucho esfuerzo adquirió un bien productivo (vehículo de servicio público), pocos años después otro, luego uno más y ahora proyecta comprar uno adicional. Si hoy tuviera que renunciar a su trabajo, o lo despidieran, seguramente no tendría dificultades económicas, mientras encuentra un nuevo trabajo, si deseara conseguirlo.

Lo que para algunos comenzó como una simple inversión, hoy se ha convertido en una columna financiera que sostiene sus economías y paradójicamente cada vez les queda mayor tiempo libre, el cual vuelven a utilizar con provecho.

Apreciado lector, si aún no ha incursionado en la compra de bienes productivos, espero que todo lo anterior lo haya motivado a realizar el máximo esfuerzo y a comenzar a construir su segunda columna de sostenimiento.

Empresas. Una tercera columna fundamental para alcanzar grandes capitales es mediante la participación en el mercado de las empresas. Las hay de todos los tipos y tamaños. Usted pude crearlas y venderlas, comprarlas total o parcialmente. Hay quienes se dedican a participar de sus utilidades a través del mercado accionario, sacan provecho por un tiempo y luego venden. Lo importante es formar parte de este mercado. Aquí hay muchas oportunidades para conseguir dinero. Lo aconsejable es que primero se incursione creando su propia empresa acorde con el rol o talento que cada persona tiene y desempeña, de esta manera se adaptan mejor los cambios o aprendizajes del negocio.

Al observar en su orden, *talento natural, bienes productivos y empresas*, las tres fuentes de donde procede el dinero, podemos apreciar una secuencia clara: cada vez contamos con mayor dinero, trabajamos inteligentemente disminuyendo el esfuerzo físico y disponemos de mayor tiempo. No obstante, hay una característica fundamental de quienes han alcanzado la libertad financiera: la mayoría ha pasado por las tres etapas, es decir, iniciaron con una columna, crearon la segunda e incursionaron en la tercera.

A continuación veremos algunas de las características más comunes de las personas, según el número de columnas que sostienen su economía.

PERSONAS QUE SOSTIENEN SU ECONOMÍA ÚNICAMENTE CON SU TALENTO.

- Cuando son colaboradores o independientes, siempre están pensando en su salud, pues les preocupa cualquier incapacidad porque repercute directamente en sus ingresos.

- Cuanto más trabajen, más dinero ganan.

- En la mayoría de los casos, les es difícil estudiar y capacitarse por motivos económicos.

- Se les dificulta buscar oportunidades de negocios o inversiones, pues se han acostumbrado a la rutina del trabajo diario en sus empresas.

- Aunque tienen el buen propósito de ayudar a su familia, las limitaciones económicas son un obstáculo.

- Piensan siempre en cómo sobrellevar los gastos hasta la próxima quincena.

- Piensan que mientras sean colaboradores estarán seguros económicamente, por eso, la mayoría no da rienda suelta a nuevas ideas para producir.

- Pueden recibir buenos ingresos, pero sus egresos van a la par (dinero que entra, dinero que se va).

- Casi siempre sus lujos los compran con préstamos, tarjetas de crédito, primas o bonificaciones.

PERSONAS QUE ADEMÁS DE SOSTENER SU ECONOMÍA CON EL TALENTO, TAMBIÉN LO HACEN CON BIENES PRODUCTIVOS Y EMPRESAS.

- Sus bienes productivos y empresas trabajan y les producen dinero, mientras ellos piensan cómo fortalecer más esas columnas.

- Les gusta aprender sobre los negocios y las diversas opciones de inversión.

- Su meta económica es la *"libertad financiera"*

- Les gusta la inversión y siempre están alerta sobre cualquier oportunidad, además tienen tiempo para esta tarea.

- Piensan que la renta de sus bienes productivos es más segura que un empleo.

- Su recurso más valioso es el tiempo libre para Dios, su familia y para pensar.

- Cuando reciben sus ingresos dejan un buen porcentaje para reinvertir.

- Tienen claro que sus lujos deben comprarlos con el producto de sus negocios e inversiones y no endeudándose.

Análisis gráfico de las finanzas

En el cuadro siguiente veremos cómo se distribuye el dinero, según el número de columnas que sostienen la economía de las personas.

PERSONAS QUE SOSTIENEN SU ECONOMÍA ÚNICAMENTE CON SU TALENTO

DISTRIBUCIÓN DEL INGRESO

Alimentación	25%
Educación	8%
Deudas	40%
Salud	6%
Servicios	11%
Otros	10%

El ingreso se genera desde el empleo o los trabajos independientes. La mayoría de estas personas mantienen iguales los niveles de ingresos al de los egresos. Su nivel de endeudamiento es alto y consume gran parte de sus ingresos. Tal como ingresa el dinero, de inmediato se distribuye hacia gastos y obligaciones. En otras palabras, tan pronto ingresa el dinero también se gasta.

La mayoría de las persona en esta categoría debe todo lo que tiene. Comienzan con un pequeño préstamo, refinancian, acuden a las tarjetas, sobregiros y avances, y cuando menos piensan, no resisten una deuda más porque todos sus ingresos ya están comprometidos. Pero aun en esa condición algunos insisten en endeudarse más. Tenga en cuenta que las deudas son como una bola de nieve; crece y crece hasta que se desborda y atropella todos los ingresos y a veces un poco más.

PERSONAS QUE SOSTIENEN SU ECONOMÍA ADEMÁS DE SU TALENTO, CON BIENES PRODUCTIVOS Y CON EMPRESAS

DISTRIBUCIÓN MEJORADA DEL INGRESO

Alimentación	25%
Educación	8%
Deudas	5%
Inversiones	35%
Salud	6%
Servicios	11%
Otros	10%

El ingreso se genera desde las tres columnas (talento natural, bienes productivos y empresas) de manera simultánea. El tamaño o nivel de ingresos es mayor al de egresos. Esto significa que hay un buen monto de dinero libre para gastar o invertir. Las personas con esta mentalidad prefieren invertir casi todo (adquieren más bienes productivos y/o empresas).

La mayoría de las personas en estas categorías reinvierten casi todas sus ganancias. Y así como dijimos que las deudas son una bola de nieve que crece y crece, ahora la noticia es buena porque cada vez que adquirimos bienes productivos y empresas, los ingresos crecen y crecen "como una bola de nieve". Entonces, en un tiempo relativamente corto, manejaremos montos de dinero sorprendentes.

ESTÁ MOTIVADO PARA EMPEZAR A FORTALECER Y CREAR LAS COLUMNAS QUE SOSTIENEN SU ECONOMÍA?

Hasta este punto hemos tratado temas sencillos con el ánimo de reflexionar sobre lo que estamos haciendo con el dinero que llega a nuestras manos y cómo queremos vivir los años futuros. Le pregunto: ¿estamos dejando algo para que se multiplique o sólo nos dedicamos a gastarlo?

Multiplicar el dinero implica tomar una decisión, creer que es posible y determinar aplicar las siguientes fases:

- Como usted ya se liberó de la idea de que el dinero es malo y ahora tiene la convicción de querer y poder prosperar, decide mejorar sus finanzas. Si este concepto es claro, "usted será libre de prejuicios y tranquilo deseará hacerlo".

- Decida no endeudarse más. La persona que desea crear nuevas columnas de sostenimiento financiero, debe decidir no endeudarse más. Estar endeudado y pretender adquirir bienes productivos o incursionar como empresario, es semejante a querer nadar con los pies amarrados. "Libérese del hábito de las deudas no haciéndolo más y prosiga adelante".

- Cancele todas sus deudas. Existen muchos conceptos en cuanto a una deuda y un crédito, pero para los dos casos se trata de dinero prestado. Sin embargo, hay ocasiones y oportunidades cuando se puede recurrir a un dinero prestado sabiendo de antemano que se podrá devolver con los intereses y además dejará una buena ganancia.

De estos puntos de vista se derivan los siguientes conceptos: cuando usted solicita dinero prestado para gastarlo o comprar bienes que no producen dinero, se está *endeudando*.

Cuando usted solicita dinero prestado para utilizarlo como "capital de trabajo", adquisición de activos o para una inversión, adquiere un *crédito*.

Sin embargo, en cuanto le sea posible, no solicite dinero prestado.

En una deuda el dinero no retorna, todo el dinero se gasta. En un crédito el dinero se invierte, se recupera para cancelar el préstamo y además la mayoría de las veces deja utilidad.

En un capítulo más adelante en este libro le enseñaremos cómo salir de todas sus deudas aplicando el *Plan Deuda Cero*.

COMIENCE A ADQUIRIR BIENES PRODUCTIVOS Y/O A PARTICIPAR EN EMPRESAS.

Después de quedar completamente libre de las deudas, utilice el monto con que venía pagando la última deuda, y si le es posible, inviértalo o ahorre juiciosamente para ponerlo a producir luego. Comience a construir su bola de nieve de ingresos creando su segunda y tercera columna de sostenimiento. No se necesita tener mucho dinero, solo deseos, enfocar el negocio o bien en el que le gustaría invertir, aprender del negocio, mucho entusiasmo y fe.

RODÉESE DE BUENOS AMIGOS, ELÍJALOS CON CUIDADO.

"Andarán dos juntos si no estuviesen de acuerdo". Esta frase célebre tiene gran importancia a la hora de decidir mejorar sus finanzas. La influencia de los amigos o las personas que nos rodean es muy importante para nuestros proyectos. Ellos nos pueden empujar al éxito o ser obstáculos para hacerlos realidad.

Es importante rodearnos de personas motivadoras, con mentalidad ganadora y emprendedoras, que nos animen en el desafío de incursionar en los negocios o las inversiones. Por lo menos sus críticas deben ser constructivas y encausadoras.

Aprendamos de los triunfadores, no temamos preguntar y estemos siempre dispuestos a escuchar.

TENGA FE A PESAR DE LOS PROBLEMAS QUE PUEDA ENFRENTAR.

Cuando analizamos la vida de algunos hombres multimillonarios, su historia nos enseña que han tenido tropiezos en el camino a la fortuna; obstáculos pequeños, grandes o muy grandes, pero siempre los superaron y los vieron como una lección positiva, nunca como una derrota.

Tengamos fe en que al adquirir bienes productivos e incursionar en empresas, nuestros ingresos mejorarán y poco a poco se incrementarán sustancialmente. Ya evidenciamos por mucho tiempo que las deudas suben como la espuma y que se necesita determinación para salir de ellas. De la misma manera probemos ahora, no nos conformemos con una sola fuente de ingresos, creemos más columnas para sostener nuestra economía, y comprobaremos que los ingresos también se pueden multiplicar para nuestro bienestar.

En realidad estas pautas son caminos esenciales para salir de las deudas y alcanzar la libertad financiera. Muchos hombres que son un vivo y fiel testimonio sobre su veracidad, las han sugerido. También es importante creer que la ley de la causa y el efecto, o la siembre y la cosecha, son reales, y que Dios la estableció. *"Sembremos bienes productivos y empresas, y cosecharemos verdaderas fortunas"*. Por esta razón no debemos perder la visión de ayudar a los demás cuando tengamos en nuestro poder riquezas inimaginables. Recuerda que es Dios quien *te da el poder para hacer las riquezas*.

CAPÍTULO 4

Descifrando el Código del Dinero

"Te pondrá Jehová por cabeza, y no por cola; y estarás encima solamente, y no estarás debajo, si obedecieres los mandamientos de Jehová tu Dios, que yo te ordeno hoy, para que los guardes y cumplas" (Deuteronomio 28: 13).

Para nadie es un secreto que los judíos son el pueblo escogido de Dios. Y hay un pacto de riqueza entre Dios y su pueblo.

Hace algún tiempo tuve la oportunidad de vivir en una comunidad judía por cinco años, y quedé impresionado por su cultura, su manera de vivir y de hacer negocios; no todos los judíos son ricos, pero todos los que yo conocí en esa comunidad sí lo eran. Siempre tuve la curiosidad de conocer su *"secreto".* Hoy lo conozco, y quiero compartirlo con ustedes.

Algunos piensan que hay un *cierto factor desconocido X o factor de genialidad* especial codificado en el ADN judío que le da a este grupo la ventaja en las inversiones económicas y la planeación financiera. Pocos individuos reconocen la fuente real del éxito de los judíos en los negocios alrededor del mundo: un pacto de riqueza establecido en la Torá.

Los judíos practicantes de la Torá saben que hay un pacto de prosperidad en el pacto de Dios con la nación hebrea: *"Guardaréis, pues, las palabras de este pacto, y las pondréis por obra, para que prosperéis en todo lo que hiciereis".* (Deuteronomio 29: 9).

Y todo comenzó con un hombre: Abraham. Pero la bendición de Abraham llega hasta nosotros hoy, porque Dios dijo: *"Y haré de ti una nación grande, y te bendeciré, y engrandeceré tu nombre, y serás bendición. Bendeciré a los que te bendijeren, y a los que te maldijeren maldeciré;* **y serán benditas en ti todas las familias de la tierra".** (Génesis 12: 2-3)

Esas promesas también son para nosotros los cristianos. *"Para que en Cristo Jesús la bendición de Abraham alcanzase a los gentiles, a fin de que por la fe recibiésemos la promesa del Espíritu. Hermanos, hablo en términos humanos: Un pacto, aunque sea de hombre, una vez ratificado, nadie lo invalida, ni le añade. Ahora bien, a Abraham fueron hechas las promesas, y a su simiente. No dice: Y a las simientes, como si hablase de muchos, sino como de uno: Y a tu simiente, la cual es Cristo. Esto, pues, digo: El pacto previamente ratificado por Dios para con Cristo, la ley que vino cuatrocientos treinta años después, no lo abroga, para invalidar la promesa. Porque si la herencia es por la ley, ya no es por la promesa; pero Dios la concedió a Abraham mediante la promesa". (*Gálatas 3: 14-18)

LA CLAVE MÁS IMPORTANTE PARA LA PROSPERIDAD

Se han escrito muchos libros tratando de explicar el sorprendente éxito del pueblo judío. No obstante, muchos autores no encontraron la clave más importante que abre la puerta del éxito judío; y es que los judíos devotos que siguen las instrucciones de Dios delineadas en las Escrituras tienen un pacto único con Dios que incluye riqueza, prosperidad y bendiciones. Estas bendiciones de pacto dependen de su disposición a llevar a cabo y cumplir con las órdenes de Dios.

La pobreza humana es más que las circunstancias de nuestra crianza o del ambiente que nos rodeaba al crecer. Muchas veces es resultado de generaciones carentes de entendimiento, que han fallado en recibir el pacto redentor y transformador de vida por medio de Cristo. Los mandamientos del Señor para la vida práctica, moral y social no son solamente para un estilo de vida al tanteo. La redención de una vida de pecado puede de hecho incrementar sus años de vida en la Tierra por medio de romper los hábitos malsanos y cambiar malas actitudes.

Por ejemplo, muchas ciudades perdidas están enfrascadas en un ciclo de pobreza debido a las adicciones y hábitos erróneos de los que las habitan. Salomón escribió: *"porque el bebedor y el comilón empobrecerán, y el sueño hará vestir vestidos rotos".* (Proverbios 23: 21)

Pobreza y vergüenza tendrá el que menosprecia el consejo; mas el que guarda la corrección recibirá honra". (Proverbios 13: 18)

Creo que la razón por lo que la pobreza domina sobre tantas vidas es porque la gente nunca ha entrado en un pacto de redención transformador de vida que viene a través del nuevo pacto. El pacto redentor de Cristo puede traer liberación de vicios y adicciones costosos, y reforma la manera pensar y el espíritu humano. El fundamento de los principios de vida de Dios está escrito en la Torá.

La manera en que tratamos a los demás refleja nuestro carácter. La manera en que nos tratemos a nosotros mismos refleja nuestras convicciones. La manera en que tratemos la bendición y el favor de Dios es un reflejo de nuestra relación de pacto con Él. Las bendiciones espirituales tienen condiciones. Una de las condiciones importantes para recibir la plenitud de los pactos bíblicos es la disposición de perdonar a los que nos han ofendido. Si el sacrificio de sangre era el ADN espiritual de un pacto, entonces el perdón es la arteria que mantiene la sangre fluyendo.

Dios nos ha revelado a través de su Palabra, ciertos códigos que nos brindan enseñanzas prácticas para la vida cotidiana, incluyendo claves para la riqueza. Descifremos los códigos del dinero.

CÓDIGO 1: PRIMERO DIOS

Conozco a muchas personas que viven preocupadas por lo que han de comer, lo que han de beber o dónde vivirán. Ellos buscan el milagro en lugar de buscar al hacedor de los milagros. Las Escrituras descifran este código cuando nos dice que debemos "...*buscar primeramente el reino de Dios y su justicia y todas estas cosas nos serán añadidas*". (Mateo 6: 33).

Dios cuida a su pueblo, y no necesita de una economía próspera para que se ocupe de él. Cada día le dio maná al pueblo de Israel durante 40 años que anduvieron por el desierto. Jesús alimentó a 5.000 personas con tan sólo cinco panes y dos peces.

Dios quiere bendecirte financieramente. Y es "*la bendición de Dios la que enriquece...*" (Proverbios 10: 22). No es tu trabajo o tu negocio lo que te enriquece, es la bendición de Dios sobre tu trabajo o sobre tu negocio lo que te enriquece. Nunca lo olvides.

CÓDIGO 2: TU ACTITUD HACIA EL DINERO

Para alcanzar la Libertad Financiera, debemos cambiar nuestra manera de pensar con respecto al dinero. Hemos oído decir que el dinero es el origen de todos los males. Falso. El dinero en sí mismo no es ni bueno ni malo, es sólo un medio para lograr un fin. Una herramienta para lograr sueños y visiones, y para ser utilizado como un recurso por su familia. **1 Timoteo 6: 9** dice: "*Porque raíz de todos los males es el amor al dinero....*" Lo que es bueno o malo es lo que tenemos en nuestro corazón. Podemos usar el dinero para financiar una guerra o para combatir la pobreza en el mundo. "*Ninguno *puede servir a dos señores....No podéis servir a Dios y a las riquezas"* (Mateo 6: 24). Jesús compara al dinero como un señor o amo, y un amo es aquel que te dice lo que puedes y lo que no puedes hacer. Pero es Dios quien le dice a usted y a mí lo que debemos y podemos hacer. Dios sabe que el dinero es una de sus mayores competencias por tu corazón. El dinero es un excelente esclavo pero un pésimo amo. No permitas que el dinero sea tu amo. Escoge, y sigue escogiendo al amo correcto.

Cuando seas bendecido, nunca olvides que fue Dios quien te dio el poder *"...para hacer las riquezas, a fin de confirmar su pacto...".* (Deuteronomio 8: 18)

CÓDIGO 3: LA MAYORDOMÍA

El código más importante de la mayordomía, consiste en saber que todo lo que tenemos es de Dios, Él *es el dueño del oro y de la plata* (Hageo 2:8), nosotros no somos dueños de nada, sino administradores. Y el administrador utiliza de manera correcta las ganancias del dueño cuando, como lo define el Señor, *ofrenda y diezma.*

La Biblia dice claramente que Dios es el dueño absoluto de todo. *"De Jehová es la tierra y su plenitud; El mundo, y los que en él habitan"* (Salmo 24: 1*)*. *"Porque en él fueron creadas todas las cosas, las que hay en los cielos y las que hay en la tierra, visibles e invisibles; sean tronos, sean dominios, sean principados, sean potestades; todo fue creado por medio de él y para él. Y él es antes de todas las cosas, y todas las cosas en él subsisten"* (Colosenses 1:16-17)

En estos tres versículos se infiere diez veces que "todo" es de Dios. Él quiere asegurarse y poner algo muy claro: TODO pertenece a él.

Personalicemos esto de dos formas:

Primero, TODO te incluye a ti. Por derecho de creación y derecho de compra (1° Corintios 6: 19-20) tú perteneces a Dios.

Segundo, TODO incluye tus pertenencias. Cuando Dios creó a Adán y le dio el honor de cuidar el Jardín del Edén en Génesis 2: 15, él no transfirió la propiedad. Adán era el mayordomo, el que cuidaba; él no fue creado para tener la responsabilidad de dueño

El 90% de los cristianos viven en la pobreza porque no quieren entender que la mayordomía, es la llave preciosa que abre la puerta hacia la riqueza, Ofrendar y diezmar no es gastar el dinero, es invertir o sembrar en el mejor terreno: el Reino de Dios.

El reconocer que Dios es el propietario de todo, es crucial para permitir a Jesucristo ser el Señor de nuestro dinero.

Si vamos a ser verdaderos seguidores de Cristo, debemos entregarle el control de todos nuestros bienes. *"Así, pues, cualquiera de vosotros que no renuncia a todo lo que posee, no puede ser mi discípulo"* (Lucas 14: 33).

Cuando reconocemos que Dios es el propietario de todo, cada decisión en cuanto a cómo gastar nuestro dinero se convierte en una decisión espiritual. Ya no le preguntamos: "Señor, ¿qué quieres que haga con *mi* dinero?", sino que decimos: "Señor, ¿qué quieres que haga con *tu* dinero?" Cuando tenemos esta perspectiva, las decisiones en cuanto a cómo gastar y ahorrar son tan espirituales como las decisiones que tienen que ver con el dar.

Es demasiado fácil pensar que las posesiones que tenemos y el dinero que ganamos son totalmente el resultado de nuestras capacidades y logros. Es obvio que esta perspectiva es la que prevalece en nuestra cultura.

Renunciar a nuestro derecho de propiedad no es fácil, ni es una transacción que se hace una sola vez en la vida. Constantemente necesitamos que se nos recuerde que Dios es dueño de todas nuestras posesiones.

"El que es fiel en lo muy poco, también en lo más es fiel; y el que en lo poco es injusto, también en lo más es injusto" (Lucas 16: 10).

Nuestra responsabilidad como mayordomos o administradores incluye ser fieles en todas las áreas – en cosas grandes y pequeñas.

Antes de poder ser fieles, tenemos que saber lo que Dios desea que hagamos. La Biblia nos da instrucciones acerca de la vida; algunos son mandatos directos, otros son historias que proveen ejemplos, y algunos – como los proverbios – son consejos sabios para entender los principios de Dios para nuestra conducta.

Considera lo que quiere decir ser fiel en grandes cosas y pequeñas siguiendo estos simples principios establecidos. Ellos tienen su fundamento en la Palabra de Dios:

Busca consejo
Practica honestidad
Trabaja duro
Da generosamente
Ahorra consistentemente
Gasta de manera sabia
Evita las deudas
Vive para la eternidad

La fidelidad a estos principios tendrán una influencia directa sobre la calidad de tu vida.

Mientras más te des cuenta del poder amoroso de Dios para cuidarte en cada circunstancia, más querrás honrarlo con tu fidelidad en cada área de tu vida.

CÓDIGO 4: LA SABIDURÍA

El Rey Salomón, el hombre más rico y más sabio que jamás existió, dijo de la sabiduría: *"Más preciosa que las piedras preciosas; y todo lo que puedas desear, no se puede comparar a ella".* (Proverbios 3: 15)

Una noche, Dios se le apareció en sueños a Salomón y le dijo *"Pide lo que quieras que yo te dé"* (1 de Reyes 3: 5). Y Salomón respondió: *"Da, pues, a tu siervo corazón entendido para juzgar a tu pueblo, y para discernir entre lo bueno y lo malo;..... Y agradó delante del Señor que Salomón pidiese esto. Y le dijo Dios: Porque has demandado esto, y no pediste para ti muchos días, ni pediste para ti riquezas, ni pediste la vida de tus enemigos, sino que demandaste para ti inteligencia para oír juicio, he aquí lo he hecho conforme a tus palabras; he aquí que te he dado corazón sabio y entendido, tanto que no ha habido antes de ti otro como tú, ni después de ti se levantará otro como tú. Y aun también te he dado las cosas que no pediste, riquezas y gloria, de tal manera que entre los reyes ninguno haya como tú en todos tus días. Y si anduvieres en mis caminos, guardando mis estatutos y mandamientos, como anduvo David tu padre, yo alargaré tus días".* (1 de Reyes 3: 9-14)

Al descifrar este código del dinero, vemos que el Rey Salomón pidió sabiduría, y Dios le dio además, riquezas y gloria. Ahí está la clave. Si quiere llegar a tener mucho más que poder financiero, antes de anhelar todo el oro del mundo y los grandes tesoros, primero necesitas sabiduría para poder administrar. *"Y si alguno de vosotros tiene falta de sabiduría, pídala a Dios, el cual da a todos abundantemente...".* (Santiago 1: 5)

A lo largo del libro de Proverbios, escrito por el Rey Salomón, se enfatizan tres palabras de manera constante: *la ciencia* se menciona cuarenta y tres veces, *entendimiento* aparece cincuenta y cinco veces, y la palabra *sabiduría* cincuenta y cuatro. Estas tres palabras clave abren las puertas de la sabiduría de Salomón para la prosperidad espiritual, emocional, mental y financiera. Seguir el patrón de pasos de Salomón llevará a una persona promedio a estar sobre el promedio. Salomón sabía que:

- La ciencia es la acumulación de información.
- El entendimiento es la organización de esa información.
- Y la sabiduría es su aplicación.

Si aprendemos y no practicamos lo que hemos aprendido, nuestro conocimiento se vuelve en fe sin acción: está muerto (Santiago 2: 17). Cien estudiantes pueden sentarse a los pies de un maestro y obtener conocimiento, pero no todos reciben entendimiento de cómo activar la información o hacerla funcionar en las situaciones de la vida. Por ejemplo, todos los fumadores saben que el fumar es un hábito que con el tiempo puede causar cáncer. Esto está documentado médicamente. No obstante, algunos fumadores piensan que el cáncer nunca los va a afectar. Esta no es una falta de información, sino de entendimiento.

Cristo encontró una *discapacidad de entendimiento* entre sus oyentes. A menudo, los que escuchaban sus parábolas no llegaban a entender su significado. Sus discípulos cercanos a menudo se reunían para pedirle a Cristo que explicara el entendimiento (la historia dentro de la historia).

En mateo 13: 13 Cristo dijo: *"Por eso les hablo por parábolas: porque viendo no ven, y oyendo no oyen, ni entienden".* La palabra griega para *entienden* en este pasaje significa: "juntar todas las piezas de algo y comprenderlo mentalmente". Una persona puede escuchar una parábola, pero no comprender el significado.

Una vez que hemos recibido entendimiento y podemos tomar el significado y propósito de nuestra información, entonces podemos empezar a *aplicar* esa información. Esto lleva a la tercera clave de Salomón: la necesidad de sabiduría.

La verdadera sabiduría es la habilidad de aplicar el conocimiento con el fin de ayudar a las personas y las cosas a funcionar de manera apropiada y en su divino orden. Y tal es el propósito de este libro *Atrévete a Ser Rico, Perfeccionando El Arte de Hacer Dinero*.

Código 5: La Generosidad

Escuchen bien lo que voy a decirles, porque esto les ahorrará mucho dinero en algún momento de sus vidas, este es uno de los códigos bíblicos más misteriosos pero fundamentales para obtener riquezas.
No es casualidad que los hombres y mujeres más ricos del mundo sean también los más generosos. Ellos reconocieron que la generosidad es un principio eterno según el cual no solo basta con prosperar, sino mantener la prosperidad, y esto lo logramos al ser generosos con la obra de Dios siempre.

En todos los libros de la Biblia se menciona de alguna manera el principio de dar, pero el mejor ejemplo vino del propio Dios, en **Juan 3:16** *"Porque de tal manera amó Dios al mundo, que* **ha dado** *a su Hijo unigénito, para que todo aquel que en él cree, no se pierda, mas tenga vida eterna".*

En *Atrévete a Ser Rico,* usted aprenderá a multiplicar las riquezas que Dios nos da, pero no para acumularlas ni ser avaros, sino para invertir en Su Reino, tal como lo dijo el profeta **Isaias 23:18** *"Pero sus negocios y ganancias serán consagrados a Jehová;* **no se guardarán ni se atesorarán**, *porque sus ganancias serán para los que estuvieren delante de Jehová, para que coman hasta saciarse, y vistan espléndidamente."*

Hermanos, *"El alma generosa será prosperada; y el que saciare, él también será saciado."* (Proverbios 11:25)

Porque *"más bienaventurado es dar que recibir"*. (Hechos 20:35)

El Apostol Pablo encomienda a Timoteo en **1 Timoteo 6: 17-19** *"A los ricos de este siglo manda que no sean altivos, ni pongan la esperanza en las riquezas, las cuales son inciertas, sino en el Dios vivo, que nos da todas las cosas en abundancia para que las disfrutemos, Que hagan bien, que sean ricos en buenas obras, dadivosos, generosos; atesorando para sí buen fundamento para lo por venir, que echen mano de la vida eterna".*

Ahí lo tiene, ya usted descubrió a su enemigo, el hombre frente al espejo; también hemos descifrado el código del dinero, lo cual le abrirá las puertas a la sobreabundancia, el éxito y la prosperidad que Dios tiene para usted. Ahora sí está listo para ejecutar el *plan de siete pasos* que le recomiendo en *Atrévete a Ser Rico, Perfeccionando El Arte de Hacer Dinero*.

CAPÍTULO 5

Primer Paso: Haga una Radiografía de sus Finanzas

"Y Jehová me respondió y dijo: Escribe la visión y declárala en tablas, para que corra el que leyere en ella. Aunque la visión tardará aún por un tiempo, mas se apresura hacia el fin y no mentirá; aunque tardare, espéralo, porque sin duda vendrá, no tardará". (Habacuc 2: 2-3)

Podemos hacer cualquier cosa financieramente si lo hacemos dando un paso a la vez. He desarrollado un plan paso a paso durante años de consejería, en discusiones con pequeños grupos, con personas de la vida real en el Ministerio donde soy Pastor y respondiendo preguntas en programas radiales. Nosotros utilizaremos este paso a paso para caminar a través de *Atrévete a Ser Rico, Perfeccionando El Arte de Hacer Dinero.* ¿Por qué surte efecto hacerlo un paso a la vez? ¡Qué bueno que lo pregunta!

COMERSE UNA VACA LE DA ENERGÍA

El único modo de comerse una vaca es mordida a mordida. Encuentre algo que hacer y hágalo con vigor hasta completarlo; entonces y solo entonces dé el segundo paso. Si trata de hacerlo todo a la vez fracasará.

Caminamos antes de correr. Un idioma no se aprende de la noche a la mañana; de la misma manera el lenguaje de las finanzas lleva tiempo y esfuerzo. El poder del enfoque es lo que hace que nuestro plan de un paso a la vez, de resultado. Cuando usted trata de hacerlo todo a la vez, el progreso puede hacerse muy lento y eso lo hace sentirse como que no está logrando nada, lo cual es muy peligroso. Cree que nada se está haciendo y pronto perderá energías para la tarea de administrar el dinero. El poder del enfoque es lo que resulta. Las cosas suceden.

El poder de la prioridad también hace que hacerlo un paso a la vez traiga resultados. Cada uno de esos pasos es parte del plan probado para estar en buenas condiciones financieras.

Esos pasos se complementan entre sí, por tanto, si se llevan a cabo desordenadamente, no servirán. Piense en una persona que pesa más de 100 kilos, adiestrándose para la carrera maratón y comenzando ese entrenamiento con una rápida carrera de quince kilómetros. El resultado de no haberse preparado podría ser la total frustración cuando menos, y un ataque al corazón cuando más.

Así, pues, ejecute cada paso ordenadamente. Camine alrededor de la cuadra y pierda algún peso antes de emprender la carrera de quince kilómetros.

Para comenzar este paso a paso, nos ocuparemos de un importante paso con la exclusión de otros. ¡Paciencia! Escalaremos toda la montaña, pero no hasta tener primero un sólido campamento en la base.

Usted estará tentado a acortar el proceso porque está más preocupado por determinada área a la que va su dinero, pero no haga eso. Estos pasos son el plan comprobado hacia una buena condición financiera, y están en el orden adecuado para cada persona. Por ejemplo, si tiene cincuenta y cinco años y no tiene retiro, usted puede saltar al quinto paso (ahorre el 20% de sus ingresos), porque siente temor de no poder retirarse con dignidad. La paradoja es que si acortamos el proceso, es más probable que no se retire con dignidad. Podría ocurrir un fracaso cuando usted hace efectivo su plan de retiro recién formado, para cubrir la inevitable emergencia. No lo haga sin orden. Enfóquese exclusivamente en el paso en que está aunque parezca que va en detrimento de otras áreas del dinero.

¿DÓNDE ESTOY?

Antes de poner cualquiera de estas estrategias en acción, tiene que averiguar dónde se encuentra. Si usted no sabe dónde se encuentra, no puede saber hacia dónde va. Si sé dónde estoy hoy, podré ver hacia dónde quiero ir, y diseñar un plan que me lleve del punto A al punto B.

Para ser un buen administrador financiero, debo primero tener algo para administrar. Así que la primera disciplina en las finanzas es, aumentar su potencial para ganar dinero.

¿QUÉ DEBO HACER?

- Desarrolle relaciones con personas que tengan éxito en este campo y aprenda de ellas.
- Lea buenos libros que traten el tema de las finanzas.
- Asista a talleres y conferencias.

Existen sólo dos tipos de ingresos:

Ingreso activo o lineal. Es aquel que llega a nuestros bolsillos como consecuencia de nuestro trabajo o el ejercicio de una profesión u oficio; y el

Ingreso pasivo o residual. Es aquel que llega a nuestros bolsillos sin que nosotros tengamos que ir a trabajar

El autor Robert Kiyosaki, en su libro *El Cuadrante del Flujo del Dinero*, dice que el dinero que llega a nuestros bolsillos llega en alguna de estas cuatro formas:

EL CUADRANTE DEL FLUJO DEL DINERO

E: empleado   D: dueño de negocio

A: auto-empleado   I: inversionista

Una de las razones de que los ricos se hacen más ricos es que ellos ganan dinero como inversionistas y como empresarios, no como trabajadores. Los ricos están en el lado derecho del cuadrante. La forma como usted genera sus ingresos determina en cual lugar del cuadrante está.
- *Empleado.* Obtiene sus ingresos trabajando para otras personas o empresas. Aquí es cuando trabajamos por el dinero, cambiamos nuestro tiempo por dinero.

- Las personas de este cuadrante temen la incertidumbre económica y tienen una fuerte necesidad de seguridad. Para ellos la seguridad en el empleo es más importante que el dinero.

- *Autoempleado.* Obtiene sus ingresos mediante el trabajo para si mismos.
- Son las personas que piensan *"hágalo usted mismo",* son sus propios jefes. Son independientes, no les gusta que sus ingresos dependan de otra persona. Son perfeccionistas empedernidos, por lo que a menudo tienen dificultades para consultar a otras personas para que trabajen con ellos. Para ellos, la independencia, la libertad para hacer las cosas a su manera y el deseo de ser respetados son mucho más importante que el dinero. Por ejemplo: Abogados, médicos Ingenieros, Contadores, Etc.

- *Dueño de Empresa.* obtienen sus ingresos de las empresas de su propiedad. Aquí es cuando otras personas trabajan para nosotros.
- A diferencia de los autoempleados, éstos aman delegar el trabajo. Su lema es*: "Por qué hacerlo yo cuando puedo contratar a alguien más que lo haga por mí".* Ser un exitoso "D" requiere de conocimientos técnicos empresariales. Saben trabajar con el dinero de otras personas y el tiempo de otras personas. Necesitan saber cómo construir una sólida red de sistemas de negocio y ser expertos en el arte del liderazgo.

- *Inversionista.* obtienen sus ingresos de sus inversiones de dinero generando más dinero. Aquí es cuando el dinero trabaja para nosotros.
  Independientemente de cuál cuadrante generas tus ingresos, si esperas algún día ser verdaderamente rico, debes en última instancia moverte al cuadrante "I", porque es aquí donde el dinero llega a convertirse en riqueza. ¿Qué es riqueza? La riqueza se mide en tiempo, no en

dinero. Es el número de días que usted puede sobrevivir sin trabajar físicamente y aun así mantener su nivel de vida. Ya no tiene que trabajar porque el dinero trabaja para usted.

Generalmente, las personas de los cuadrantes "D" e "I", alcanzan sus metas financieras más rápido que las personas en los cuadrantes "E" y "A".

Cambiar de cuadrante significa transformar lo que eres, cómo piensas y cómo te ves en el mundo. El Apóstol Pablo lo dijo de esta manera: *"Y no vivan ya como vive todo el mundo. Al contrario, cambien de manera de ser y de pensar. Así podrán saber qué es lo que Dios quiere, es decir, todo lo que es bueno, agradable y perfecto"* Romanos 12: 2 (TLA)

El conocimiento es poder en potencia pero no es poder en sí mismo. Una vez que tengas conocimiento, puedes esperar la oportunidad y aprovecharla cuando llegue, pasando a la acción. Recuerda: *"....la fe sin obras está muerta"* (Santiago 2: 26)

¿ADÓNDE QUIERO IR?

Una vez que hemos averiguado dónde estamos, vamos a descubrir dónde queremos ir, y para esto es necesario hacer una radiografía de nuestras finanzas actuales. Recuerde que cada persona o grupo familiar es un caso en particular. No es lo mismo una persona soltera que una casada, un matrimonio con hijos que un matrimonio sin hijos. En cada caso, sus estados financieros serán diferentes, usted lo adaptará a su caso particular, no se enrede con eso. En general, una radiografía de sus finanzas pudiera parecerse al siguiente cuadro:

RADIOGRAFÍA DE MIS FINANZAS

Ingresos
Sueldo $ _____
Comisiones $ _____
Rentas $ _____
Dividendos $ _____
Negocios $ _____
Otros $ _____

Activos
Inmuebles $ _____
Autos $ _____
Mobiliario $ _____
Mi Empresa $ _____
Cuentas
de Banco $ _____
Acciones
de Bolsa $ _____
Bonos $ _____

Gastos
Alimentación $ _____
Vivienda $ _____
Transporte $ _____
Educación $ _____
Entretenimiento $ _____
Vestuario $ _____
Imprevistos $ _____
Otros $ _____

Pasivos
Hipoteca $ _____
Giros del carro $ _____
Préstamos $ _____

Tarjetas de Crédito	$ _____
Pagarés	$ _____
Deudas personales	$ _____
Otras deudas	$ _____

¡Ahí está! Esa es su realidad financiera a la presente fecha. Si sus ingresos son mayores a sus gastos, lo felicito, pero si es todo lo contrario debo decirle que toda persona, empresa, Iglesia, inclusive un País que gaste más de lo que gana, va irremediablemente a la quiebra. Pero no se preocupe, sea cual fuere su cuadro financiero, va a mejorar si sigue con disciplina y perseverancia el plan de *Atrévete a Ser Rico, Perfeccionando El Arte de Hacer Dinero*.

Este capítulo trata del primer paso del plan, pero antes de pasar al segundo paso, necesitamos mirar ciertas herramientas básicas necesarias para triunfar y algunas cosas en progreso que debes hacer sobre la marcha. La temible letra *P* entra en escena aquí. Usted debe hacer un presupuesto por escrito, cada mes. Este es un libro sobre un proceso que otros han completado felizmente, y le aseguro que casi ninguno de los miles de triunfadores que he visto, lo han logrado sin un presupuesto por escrito.

¿QUÉ ES UN PRESUPUESTO?

Como su nombre lo indica, es un supuesto previo – pre-supuesto – es un cálculo anticipado del costo de algo, específicamente de una obra o un servicio, o de los gastos o ingresos previstos para un período de tiempo.

También podemos definirlo como la cantidad de dinero calculada para cubrir los gastos generales de la vida cotidiana o de algo concreto.

Hacer un presupuesto es muy importante porque le ayudará a tomar el control sobre su dinero en vez de que éste tome el control sobre usted. John Maxwell dijo: *Un presupuesto es cuando la gente dice a su dinero dónde ir, en lugar de averiguar adónde fue*. En otras palabras, un presupuesto es un plan para gastar el dinero.

La calidad de su vida en el retiro depende de que usted llegue a ser un experto en la administración del dinero hoy.

Si trabajara en una compañía llamada MI NEGOCIO, S.A., y su empleo fuera administrar dinero, ¿lo despediría la firma MI NEGOCIO, S.A., por la forma en que administra ahora su dinero? Usted tiene que ordenarle a su dinero qué hacer o este se irá. Un presupuesto escrito para el mes es su objetivo en cuanto al dinero.

Las personas que triunfan en cualquier terreno se han puesto metas. Las metas son los objetivos hacia los que usted apunta. Zig Ziglar dijo: *"Si apunta hacia la nada, nunca fallará"*. El dinero no se comportará bien a menos que lo domestique. P. T. Barnum dijo: *"El dinero es un excelente esclavo pero un pésimo amo"*. Usted no podría construir una casa sin plano. ¿Por qué gasta sus ingresos de toda la vida sin un plan? Jesús dijo: *¿Quién de vosotros, queriendo edificar una torre, no se sienta primero y calcula los gastos, a ver si tiene lo que necesita para acabarla?* (Lucas 14: 28)

Brian Tracy, conferencista motivador, ha dicho *"Qué es necesario para triunfar en gran escala? ¿Un tremendo talento que nos dé Dios? ¿Riqueza heredada? ¿Diez años de educación de postgrado? ¿Conexiones? Afortunadamente para la mayoría, lo que se necesita es algo muy sencillo y accesible: metas claras y por escrito"*. Según Brian Tracy, un estudio de los graduados de Harvard demostró que después de dos años, el 3% que tenía metas escritas logró más financieramente ¡que el otro 97% combinado!

Organice un nuevo presupuesto cada mes. No trate de tener un presupuesto perfecto para el mes perfecto porque nunca tenemos eso. Si tiene un ingreso irregular debido a comisiones, trabajo por cuenta propia o bonos, cree un plan de gastos priorizados, tales como alimento, vivienda, servicios públicos, transporte, Etc., pero debe aun hacer un presupuesto por escrito antes de comenzar cada mes.

Al iniciar cada mes, lleve un Diario de Gastos donde anotará cada gasto diariamente y durante todo el mes. Debe anotar TODO gasto que realice por pequeño que sea, esto le dará información muy valiosa al final del mes y podrá corregir aquellos gastos innecesarios y superfluos, lo cual redundará en una disminución de los gastos del próximo mes.

PÓNGASE DE ACUERDO EN ESTO

Si está casado, póngase de acuerdo con su cónyuge en el presupuesto. Solamente esta frase exige por sí misma un libro que describa como lograrlo, pero la realidad es esta: si no trabajan juntos es imposible triunfar. Una vez que se llega a un acuerdo respecto al presupuesto y está por escrito, haga un compromiso serio de que nunca hará nada con su dinero que no aparezca en el papel. El papel es el jefe del dinero, y usted es el jefe de lo que se escribe en el papel. Pero tiene que ajustarse al presupuesto, o esto no es más que una elaborada teoría.

Si algo surge a mediados de mes que haga necesario un cambio en el presupuesto, llame a una reunión de emergencia del comité de presupuesto. Usted puede cambiar el presupuesto (y lo que va a hacer con el dinero) solo si hace dos cosas: Primera, ambos cónyuges convienen en el cambio. Segunda, usted debe aun balancear el presupuesto.

Si aumenta a 50 dólares (o su equivalente en la moneda de su País) lo que gasta en reparaciones de automóvil, debe reducir en 50 dólares lo que gasta en otra cosa. Este proceso de ajuste a mediados de mes no tiene que ser una operación complicada, pero ambas directrices deben cumplirse, de modo que no se salga del presupuesto, y tiene además la aprobación de su cónyuge; así que no ha roto el juramento o compromiso inicial.

SU PRESUPUESTO: ¿AMIGO O ENEMIGO?

¿Cuál es el propósito de un presupuesto? Para algunas personas, los presupuestos parecen estar diseñados para restringir, limitar y contener. Estas personas ven los presupuestos como males necesarios, como enemigos en lugar de amigos. Otras personas ven el mismo presupuesto y ven algo completamente distinto. Para estas personas, el propósito de un presupuesto no es estorbar, sino ayudar, dirigir y guiar para traer salud e incluso libertad. Para estas personas, un presupuesto realista es un aliado y no un adversario.

La manera en que consideres el propósito del presupuesto es crucial. Tu perspectiva impacta tu éxito porque determina si lo usas o lo rehúsas. Si todavía no estás seguro de cómo te sientes, considera algunas de las maneras en que un presupuesto los va a beneficiar a ti y a tu cónyuge.

- Revisar el presupuesto en las reuniones del comité de presupuesto semanales o mensuales los va a alentar a ti y a tu cónyuge a comunicarse acerca de las cosas que son importantes para su vida juntos; cosas como finanzas, metas, decisiones de estilo de vida, paternidad y demás.
- Un presupuesto les brinda a ti y a tu cónyuge una forma de rendición de cuentas mutua. Les permite a ambos ver en blanco y negro quién está gastando, cuánto y en qué.
- Puede ser una experiencia unificadora para una pareja crear juntos un presupuesto y luego descubrir cómo

ceñirse a él. Un presupuesto, en una manera pequeña, crea una actitud que dice "estamos juntos en esto", un espíritu de trabajo en equipo.

- Cuando revisan regularmente su presupuesto juntos, puede ayudarlos a enfocarse en sus metas a largo plazo en la vida. Después de todo, un presupuesto no se trata de dólares y centavos. En realidad se trata de prioridades. Trabajar en sus prioridades financieras requiere que además se tomen firmemente de sus prioridades de vida.

La comunicación, rendir cuentas, el trabajo en equipo, compartir prioridades, la paz mental ¡y la armonía matrimonial! Si tú y tu cónyuge experimentaran un poco más de estas cosas, ¿de qué forma se beneficiaría tu matrimonio?

¿CÓMO HACER UN PRESUPUESTO?

Hacer un presupuesto no es tan complicado como suena. No se necesita software sofisticado (a menos que prefiera usarlo). Solo tome papel y lápiz. Estos son los pasos:

1. Descubra sus gastos mensuales

Se encuentra al final del mes mirando el saldo de la chequera, con la cabeza entre las manos diciendo: "¡No entiendo! ¿Adónde se fue todo?.

Es probable que sus mejores intenciones se hayan visto saboteadas por hábitos ocultos de gasto. Por ejemplo, se sorprenderían de descubrir que el café y el pan matutino les está costando cerca de ochenta dólares no presupuestados al mes, o que lo que están gastando en ir al cine o en comidas fuera de casa, en realidad es el doble de lo que estaban gastando antes.

Nunca van a tener una buena idea de sus finanzas mientras esos gastos escurridizos escondidos sigan poniéndole emboscadas a su presupuesto. Con el fin de administrar con éxito su dinero, necesitan amaestrar esos al parecer benignos saboteadores. Pero primero tienen que descubrirlos.

Comiencen por medio de llevar una lista de todo lo que gasten durante el mes para ver adónde se les está yendo el dinero. Todo significa *todo*, incluyendo las cuentas mensuales y gastos, entretenimiento, estacionamiento, incluso refrescos y dulces.

Llevar una lista de todo lo que gasten en un mes no solo les ayuda a identificar gastos mensuales legítimos, sino que es la mejor manera de identificar gastos engañosos más allá de su presupuesto. Una vez que hayan encontrado estos gastos engañosos, pueden tomar una decisión informada: amaestrarlos por medio de darles un lugar legítimo en el presupuesto o eliminarlos. Enseñarles a los gastos engañosos a portarse bien, ponerse de pie para ser contados, va a ayudarlos a tomar un paso gigante en la dirección de lograr sus metas y sus sueños.

2. Identifique gastos adicionales

Después de rastrear sus hábitos de gasto durante un mes, tienen el principio para crear una lista exhaustiva de sus gastos. Ahora completen la lista por medio de añadir cosas como impuestos anuales sobre el automóvil, los regalos de Navidad y cumpleaños, cuotas para asociaciones o clubes, revisiones dentales semestrales, exámenes de la vista y lentes anuales, primas de seguros, vacaciones y otros gastos que no suelen ser mensuales. Para que sus gastos en cualquier mes no sean considerablemente mayores que otros meses, consideren dividir esos gastos en doce porciones iguales. Cada mes añadan esa cantidad de dinero a sus ahorros. (Por ejemplo, ahorren $ 10 dólares al mes para juntar su cuota anual de $ 120 dólares de derechos vehiculares que hay que pagar en Junio o algo así.)

3. Determinen el ingreso neto que se puede gastar cada mes

La fórmula para determinar el ingreso neto que se puede gastar es sencilla.

Ingreso bruto total = $ _____
Menos diezmos (10%)
Menos impuestos (____%)
Ingreso neto mensual que se puede gastar = $ _____

4. Armen su presupuesto

Ahora que han determinado la cantidad que pueden gastar, es momento de organizarla. Pongan todos sus gastos en categorías. Asegúrense de que sea simple. Estas son algunas sugerencias.

CATEGORÍAS DE MUESTRA PARA EL PRESUPUESTO

Vivienda	$ _____
Comida	$ _____
Coche	$ _____
Seguros	$ _____
Deudas	$ _____
Entretenimiento / Recreación	$ _____
Ropa	$ _____
Ahorros	$ _____
Gastos médicos Gastos escolares	$ _____
Cuidado de los hijos	$ _____
Misceláneos	$ _____

Recuerda que estás registrando lo que gastas cada mes en las categorías *generales*. Por ejemplo, en la categoría de vivienda se deben incluir la hipoteca o la renta, los servicios (gas, agua, luz), el teléfono, los servicios de limpieza y demás. A continuación determina el porcentaje del presupuesto que gastas en una categoría dada: Esto te va a ayudar a ver en dónde se está gastando tu dinero.

Una mirada rápida a tus gastos te va a revelar si estás en números verdes o rojos, en positivo o negativo. ¿Tu suma salió positiva? Excelente. Ganas más de lo que gastas. Transfiere la diferencia al fondo de emergencia, pagar deudas o a tus ahorros.

Si la suma es negativa y tus gastos exceden tus ingresos tienes dos opciones: ganar más dinero o gastar menos. No hay otras alternativas. Consideren comprar ofertas y salir a comer menos seguido. ¿Hay alguna comodidad o servicio del que puedan prescindir? ¿Cuántas veces vas al cine en realidad al mes? ¿Cuentan con más servicios telefónicos que los que realmente usan? Si están pagando por un costoso plan de teléfono celular y terminan con minutos sin usar al final de cada mes cámbiense a un plan de menor costo que se ajuste a sus necesidades.

5. *Vivan dentro de su presupuesto*

Si han llegado a un presupuesto lógico en papel, han logrado un gran avance. ¡Ahora necesitan usarlo! Estos son algunos consejos.

Hagan una cita con su presupuesto. Como en cualquier buena relación, su presupuesto requiere atención regular. Mi esposa y yo nos reunimos una vez al mes para nuestra reunión de trabajo, pero otros prefieren hacerlo más seguido. Programen un tiempo regular (digamos, una vez al mes o cada quince días) para pagar las cuentas, revisar su chequera y su presupuesto. Si usan un programa de computadora que se sincroniza con su cuenta bancaria, quizá quieran apartar diez minutos cada tercer día para revisar sus gastos.

Comunícate frecuentemente con tu cónyuge. Asegúrate de que tú y tu cónyuge incluyan tiempo en su junta de trabajo para hablar de sus éxitos, fracasos, sentimientos, metas y mejoras relacionadas con su presupuesto.

Gasten los fondos designados solo para lo que han sido apartados. Si su presupuesto dice que deben gastar $ 100 dólares en ahorros, no usen ese dinero para irse a patinar. Para ayudar a enderezar los gastos engañosos algunas personas usan el sistema probado y aprobado del "sobre". Si quieres intenta lo siguiente: cobra tu cheque y separa el dinero en sobres etiquetados, Por ejemplo, si has designado $ 500 dólares al mes para entretenimiento. Cuando ese dinero se termine, ya se acabó el gasto del mes para ese rubro. Este sistema funciona bien para entretenimiento, tintorería, misceláneas y gastos similares.

Sin importar como lo manejes, consulta tu presupuesto continuamente, y lucha por gastar las cantidades designadas en los artículos designados y nada más. He visto como parejas de altos ingresos utilizan este sistema para salir de deudas y recuperar el control de su presupuesto.

Calvin Coolidge dijo: "No hay dignidad tan impresionante ni una independencia más importante, que vivir dentro de sus posibilidades".

Desvía tus gastos impulsivos. La próxima vez que veas algo sin lo cual no puedas vivir, hazte algunas preguntas. ¿Tienes el espacio extra para guardar lo que estás a punto de comprar? ¿Es un asunto de un capricho a corto plazo que está prevaleciendo sobre un plan a largo plazo? Si todo esto falla, date un período de veinticuatro horas para calmarte y pensar bien tu compra. Permite un reposo de al menos tres días para compras costosas como autos, sistemas de cine en casa y tiempos compartidos.

Sigue incrementando tus conocimientos financieros. Mientras que algunas personas parecen haber nacido orientados a la frugalidad, otros necesitan tiempo para negociar entre necesidades y lujos. Sigue desarrollando tu coeficiente intelectual financiero.

Finalmente, date cuenta de que la misma razón por la que necesitas un presupuesto es una señal de que has sido bendecido. ¡Después de todo, un presupuesto significa que tienes suficientes recursos financieros que requieren una administración sabia! Si comienzas a ver tu presupuesto como una razón para estar agradecido, una clave para tu libertad financiera, y una herramienta para mejorar la comunicación y la armonía en tu matrimonio, no tengo dudas de que vas a experimentar nuevos niveles de éxito, y menores niveles de estrés, con tus finanzas y en tu relación con tu cónyuge también.

Enfocarse intensamente es un requisito para triunfar. No hay ejercicio intelectual con que se pueda conquistar académicamente la riqueza, usted tiene que estar dispuesto. No hay energía en la lógica; esto es modificación de la conducta y de la motivación, ¡y da resultado!

Después de tener un presupuesto por escrito y convenido, llevar un diario de gastos, haber dejado atrás los obstáculos y enfocarse con intensidad, estará listo para seguir las prioridades correctas.

¡Allá Vamos!

CAPÍTULO 6

Segundo Paso: Inicie la Creación de un Fondo de Emergencia

"Tesoro precioso y aceite hay en la casa del sabio; más el hombre insensato todo lo disipa" (Proverbios 21: 20)

Va a llover. Necesita un fondo para el día lluvioso. Necesita un paraguas. La revista *Money* dice que 78% de nosotros tendrá un suceso negativo dentro de un período de diez años. El trabajo está limitado, hay recortes y hay reorganización, o sencillamente hay cesantía.

Hay un embarazo inesperado. "No íbamos a tener hijos, sin embargo, viene otro más". El automóvil explota. La transmisión se rompe. Entierra a un ser amado. Los hijos crecidos se mudan al hogar nuevamente. Cosas de la vida de modo que esté listo. Esto no es una sorpresa. Necesita un fondo de emergencia, un fondo al estilo pasado de moda de la abuela, para el día lluvioso.

Este fondo de emergencia debe ser el equivalente de tres a seis meses de gastos ordinarios. Pero una vez que el fondo alcance un mes de gastos, hacemos una pausa y pasaremos al siguiente paso.

Ahora, evidentemente, un mes de gastos no cubre todas esas cosas importantes que mencionamos anteriormente, pero cubrirá las cosas pequeñas hasta que el fondo de emergencia sea completado. Este fondo no es para comprar cosas ni para vacaciones; es para emergencias únicamente.

La mayoría de las personas usan tarjetas de crédito para cubrir todas las "emergencias" de la vida. Algunas de esas llamadas emergencias son acontecimientos como las Navidades. Las Navidades no son una emergencia, ni surgen por sorpresa. Siempre son en Diciembre, no se mueven de ahí y, por lo tanto, no son una emergencia. Su automóvil necesitará mantenimiento y sus hijos nuevas ropas. Estas no son emergencias; son gastos que están incluidos en el presupuesto. Si usted no hace un presupuesto para ellas, lucirán como emergencias. Los despidos del empleo son verdaderas emergencias y justifican un fondo de emergencia.

Un bien planificado presupuesto para cosas anticipadas y un fondo de emergencia para lo verdaderamente inesperado puede poner fin a la dependencia de las tarjetas de crédito.

El segundo paso importante en *Atrévete a Ser Rico* es iniciar un fondo de emergencia. ¡Un pequeño comienzo es ahorrar el equivalente a un mes de gastos en efectivo RÁPIDO! Detenga todo lo demás y concéntrese.

La gente a menudo me pregunta por qué no comienzo con la deuda. No me gustan las deudas y me mantengo alejado de ellas. Pero descubrí que la gente paraba completamente el plan que aquí recomiendo a causa de las emergencias: se sentían culpables de tener que suspender la reducción de las deudas para sobrevivir. El alternador del automóvil se rompía y los costos de reparación arruinaban todo el plan porque la compra tenía que hacerse con tarjeta de crédito debido a que no había fondos de emergencia.

Si se endeuda después de prometer no hacerlo, pierde el impulso para seguir adelante. Es como comerse tres kilos de helado los viernes luego de perder un kilo esa semana. Por eso es que recomiendo primero iniciar la creación de un fondo de emergencia, antes que pagar las deudas.

Se siente enfermo, fracasado. Así que comience con un pequeño fondo para cubrir las cosas pequeñas antes de comenzar a pagar la deuda. Es como beber un ligero batido de proteínas para fortalecer su cuerpo a fin de poder trabajar, lo cual le permite perder peso. Si ocurre una verdadera emergencia tiene que tratarla con su fondo de emergencia. ¡No más préstamos! Usted tiene que romper el ciclo.

Tuerza y exprima el presupuesto. Trabaje horas extras, venda algo, pero obtenga rápidamente ese primer mes de gastos. La mayoría logra ese paso en menos de un mes. Está demasiado cerca del punto en que puede caer en un gran despeñadero de dinero.

ESCÓNDALOS

Cuando tenga ese primer mes de gastos, escóndalos. Usted no puede tener el dinero a la mano, porque lo gastará, comprará por impulso cualquier cosa si el dinero está a la mano. Puede depositarlo en una cuenta de ahorros en el banco, pero no debe utilizarlo como protección para sobregiros.

No combine la cuenta de ahorros con su cuenta corriente. No ponemos el dinero en el banco para ganar dinero, sino más bien para dificultar su obtención. Usted no va a hacerse rico aquí, sólo encontrará un sitio seguro donde estacionar el dinero.

Manténgalo en activo líquido

¿Qué tal si ya tiene más de un mes de gastos en el fondo? Ah, eso fue fácil, ¿verdad? Si ya tiene más de un mes de gastos en algo que no sea planes de jubilación, retírelo: Si están en un certificado de depósito sujeto a multa, pague la multa por retiro del depósito anticipadamente y saque el dinero. Si está en fondos mutuos, retírelo. Si está en cuenta corriente, retírelo. Si está en acciones o bonos, retírelo. Su fondo de emergencia limitado a un mes de gastos, deberá estar en activo líquido, efectivo disponible, es lo único aceptable. Si le ha tomado cariño al fondo de emergencia, es probable que pida prestado para evitar sacarlo en efectivo. No lo haga. Los detalles vendrán más adelante sobre qué hacer con su fondo de emergencia completo.

Todo el dinero que tenga encima y más allá de ese mes de gastos, en cualquier cosa excepto en planes de retiro o jubilación, será usado en el próximo paso, así que esté listo.

¿Qué sucede si está en el tercer paso que veremos en el próximo capítulo, y usa parte de su fondo emergencia para arreglar el alternador? Si esto ocurre, suspenda el tercer paso y regrese al segundo hasta reaprovisionar el fondo inicial. Una vez que el fondo de emergencia sea reaprovisionado, usted puede regresar al tercer paso. De otra manera, irá acabando gradualmente con ese pequeño amortiguador y volverá a los viejos hábitos de pedir prestado para cubrir verdaderas emergencias.

Para algunos lectores este será un paso fácil. Para otros, este es el paso que será la base espiritual y emocional para alcanzar la libertad financiera.

¿Y que con usted? Ahora es el momento de decidir. ¿Es esto teoría o realidad? Siga leyendo y decidiremos juntos.

CAPÍTULO 7

Tercer Paso: El "Plan Bola de Nieve" para salir de deudas

"El hombre planea su futuro, pero Dios le marca el rumbo"
(Proverbios 16: 9) TLA.

Atrévete a Ser Rico, Perfeccionando el Arte de Hacer Dinero depende del uso de sus más poderosos instrumentos. Creo con todo mi ser que su más poderoso instrumento para crear riqueza es su ingreso. Las ideas, las estrategias, las metas, la visión, el enfoque y aun el pensamiento creativo son muy importantes, pero hasta que usted no tenga dominio y pleno uso de sus ingresos para crear riqueza, no la creará ni la mantendrá. Algunos puede que hereden dinero o ganen la lotería, pero eso es suerte, no un plan probado para una buena situación financiera. Para crear riqueza, USTED tendrá que reconquistar el control de su ingreso.

IDENTIFIQUE AL ENEMIGO

La realidad es que es fácil llegar a ser rico cuando uno no tiene pagos que hacer. Usted estará harto de oír esto, pero la clave para ganar cualquier batalla es identificar al enemigo. Soy tan apasionado con la idea de que se vea libre de deudas porque he visto a muchas personas conquistar enormes logros para llegar a millonarios en un corto plazo después de liberarse de pagos. Si no tiene que hacer pagos por un automóvil, tarjetas de crédito hasta la coronilla, deudas médicas o aun una hipoteca, podría llegar a ser rico muy rápidamente, aunque eso pueda ser un punto lejano para algunos.

Muchos de los que leen esto están convencidos de que podrían llegar a ser ricos si pudieran salirse de las deudas. El problema ahora es que usted se está sintiendo más y más atrapado por las deudas.

¡Les tengo grandes noticias! Tengo un método infalible, pero muy difícil, para salir de deudas. La mayoría de la gente no lo haría porque son del promedio, pero no usted. Está harto de las deudas, de modo que está dispuesto a pagar el precio de la grandeza. Este es el más difícil de los pasos en *Atrévete a Ser Rico, Perfeccionando el Arte de Hacer Dinero.* Es muy difícil, pero vale la pena.

Este paso exige el mayor esfuerzo, el mayor sacrificio y es donde todos sus amigos y familiares en quiebra se burlarán de usted (o se le unirán). Este paso exige mucha disciplina.

La intensidad de su enfoque tiene que salir de la escala. Albert Einstein dijo que "los grandes espíritus siempre encuentran violenta oposición de las mentes mediocres". Si realmente piensa que crear riqueza ya no es un sueño sino una realidad cuando no tiene gastos que hacer, debe estar dispuesto a actuar con valentía y sacrificar cosas para no tener pagos. ¡Es hora de liquidar DEUDAS!

COMIENCE EL "PLAN BOLA DE NIEVE"

La manera en que saldamos la deuda se llama Plan Bola de Nieve. El proceso del plan es fácil de entender pero exige toneladas de esfuerzo. Hemos discutido que las finanzas personales constituyen 80% de comportamiento y 20% de conocimiento. El plan está concebido de esta forma porque estamos más interesados en la modificación del comportamiento que en corregir las matemáticas.

Siempre acostumbraba a comenzar cuadrando la matemática. He aprendido que estas hay que hacerlas bien, pero algunas veces la motivación es más importante que las matemáticas. Esta es una de esas veces. El método del plan bola de nieve exige que usted haga una lista de sus deudas desde la más pequeña hasta la más grande. Enumere todas sus deudas salvo la de la casa; de eso trataremos más adelante.

Enumere *todas* sus deudas, inclusive préstamos de mamá y papá o deudas médicas que tienen cero interés. No importa si hay interés o no. No importa si algunas tienen 24% de interés y otras 7%. ¡Enumere las deudas más pequeñas hasta las más grandes! Si usted fuera tan fabuloso con las matemáticas, no tendría deudas, de modo que pruebe esta fórmula mía. La única vez que se liquida una deuda grande primero que una pequeña es cuando surja una emergencia tal como una deuda de impuestos y que ya hayan venido en busca suya, o una situación donde haya un juicio hipotecario si usted no paga. De otra forma, no discuta; limítese a enumerar las deudas, desde las más pequeñas hasta las más grandes.

La razón por la que enumeramos desde la más pequeña hasta la más grande es para obtener una victoria rápida. Esta es la parte de "modificación del comportamiento por encima de las matemáticas" a que me refería. Hágale frente a esto, si usted está a dieta y pierde peso la primera semana, seguirá la dieta.

Una dama escribió su plan bola de nieve y la llevó a una tienda local de fotocopias y la hizo ampliar a gran tamaño. Entonces puso su enorme Plan Bola de Nieve sobre el refrigerador. Cada vez que pagaba una deuda, trazaba una gran línea roja sobre la deuda cancelada para siempre. Dijo que cada vez que caminaba por la cocina y miraba el refrigerador, gritaba: "¡Ahora sí que estamos saliendo de deudas!" Si esto le suena raro no está aun interpretándolo. Esta dama tiene un doctorado en filosofía. Ella no es de clase baja ni es tonta. Es tan sofisticada e inteligente que lo captó. Comprendió que *Atrévete a Ser Rico* era acerca de un cambio en su comportamiento, y que el cambio de comportamiento se destaca mejor cuando se obtiene cualquier victoria rápida (aunque sea pequeña).

Cuando usted termina de pagar una continua cuenta médica de 52 dólares o aquella cuenta de 122 dólares por teléfono celular de hace ocho meses, su vida no ha cambiado mucho matemáticamente *todavía*.

Sin embargo, ha comenzado un proceso que da resultado –y ha visto que lo da- y se mantendrá haciendo esto porque se sentirá emocionado por el hecho de que da resultado.

Después de enumerar las deudas pequeñas hasta las grandes, haga el pago mínimo para mantenerse al corriente de todas las deudas salvo la más pequeña.

Cada dólar que pueda encontrar en cualquier punto de su presupuesto debe ir a la deuda más pequeña hasta que se pague. Una vez que la más pequeña está pagada, el pago de esa deuda, más cualquier otro dinero extra "encontrado", se agrega a la siguiente deuda más pequeña. (Confíe en mí: una vez que usted se ponga en marcha, encontrará dinero).

Entonces, cuando la deuda número dos esté pagada, tome el dinero que usaba para pagar la número uno y la número dos, además de cualquier dinero encontrado, para la número tres. Cuando la tres esté pagada, ataque la cuatro, y así sucesivamente. Manténgase pagando el mínimo en todos los débitos salvo el más pequeño hasta que lo pague. Cada vez que usted liquida uno, la suma con que usted paga el próximo aumenta. Todo el dinero de las viejas deudas y todo el dinero que usted pueda encontrar en cualquier parte van dirigidos a la deuda más pequeña hasta pagarla.

¡Ataque! Cada vez que la bola de nieve rueda, recoge más nieve y se hace mayor, hasta que llega el momento que usted llega al fondo, y tiene una avalancha. La mayoría de las personas llegan al final de la lista y encuentran que entonces pueden pagar más de 1,000 dólares por mes por un préstamo para un automóvil o un crédito estudiantil. Desde ese momento, no demorará mucho en salir del problema y quedar libre de deudas salvo la de la casa. Este es el tercer paso. Utilice el plan bola de nieve para quedar libre de deudas excepto la de la casa.

ELEMENTOS PARA HACERLA FUNCIONAR

Cuando aprendí esto hace unos veinte años, no comprendía cuales eran los elementos del éxito ni todas las aclaraciones que eran necesarias. Los principales elementos para hacer que funcionara el plan bola de nieve es usar un presupuesto, ponerse al corriente antes de empezar, hacer un diario de gastos, pagar de lo más pequeño a lo más grande (sin trampas), disciplina, sacrificio y concentración. Un total convencimiento, intensidad en el enfoque, es posiblemente lo más importante.

Esto significa decírselo usted mismo y subrayarlo: "¡Con la exclusión de casi todo lo demás, estoy saliendo de deudas!"

Si cree que esto del plan bola de nieve es atractivo y no pudiera probarlo, no le resultará. Para triunfar se exige total convencimiento e intensidad en el enfoque.

Dirigirse al objetivo y nada más es la única manera de triunfar. Tiene que saber adónde va, y por definición saber adónde no va, o nunca llegará allí. Si no sabe adónde va, cualquier autobús le servirá. Yo viajo mucho y nunca tomo un avión y me pregunto: *¿Hacia dónde va este avión?* Sé adónde quiero ir, y si me dirijo a Nueva York, no tomo el avión que va a Detroit.

Cuando bajo del avión, no tomo el primer taxi que veo y digo: "Demos unas vueltas por ahí porque no tengo un plan".

No, le digo al taxista el Hotel y la Calle adonde quiero ir. Entonces le pregunto qué tiempo demorará en llegar y cuánto será el pasaje. Mi punto es que no damos vueltas sin objetivos en ningún aspecto de nuestra vida, pero parece que pensamos que con el dinero sí da resultado. Usted no puede estar listo, disparar *y* entonces apuntar con el dinero, y no puede tratar de hacer seis cosas al mismo tiempo. Está tratando de salir de deudas. Punto. Tendrá que concentrarse con gran intensidad para hacerlo.

Proverbios 6: 1, 5, dice: "Hijo mío, si salieres fiador por tu amigo (ser fiador es como tener una deuda)... escápate como ave de la mano del que arma lazo y como gacela de la mano del cazador".

Puedo predecir quien de mis alumnos saldrá de deudas basado en la intensidad de su enfoque que tengan. Si están mirando la raya roja en el refrigerador y gritando, van por buen camino. Pero si están buscando una fórmula de hacerse rico rápidamente o alguna teoría intelectual en lugar de sacrificio, trabajo duro y concentración total, le doy realmente una calificación baja y una baja posibilidad de llegar a estar libe de deudas.

Un paso evidente para aplicar el plan bola de nieve es dejar de pedir prestado. De otra manera, solo estará cambiando de nombres de acreedores en su lista de débitos. Así, pues, debe trazar una línea en la arena y decir: "Nunca más pediré prestado" (Deuteronomio 28: 12). Tan pronto como haga esta declaración vendrá una prueba. Créame. La transmisión de su automóvil se dañará. Su hijo necesitará ortodoncia. Es como si Dios quisiera ver si tienen realmente intensidad en el cumplimiento del plan. Pero tenga la plena seguridad que *Dios suplirá todo lo que os falta conforme a sus riquezas en gloria en Cristo Jesús* (Filipenses 4: 19)

En este momento, están listos para una "plastectomía", cirugía plástica para eliminar sus tarjetas de crédito. Un cambio permanente en su concepto del débito es su única oportunidad. No importa lo que pase, tiene que buscar la oportunidad o resolver el problema sin deudas. Tiene que hacerlo, si usted cree que puede eliminar las deudas sin una firme resolución de dejar de pedir prestado, está equivocado. Usted no puede salir del hoyo excavando más.

Cómo hacer rodar la bola de nieve

Algunas veces su plan bola de nieve no rodará. Cuando algunas personas hacen su presupuesto, apenas hay suficiente para hacer el mínimo de los pagos y nada extra para pagar las deudas más pequeñas. No hay impulso para rodar la bola de nieve.

Algunas veces usted tiene que hacer un sacrificio con el estancamiento del presupuesto. Tiene que tomar decisiones radicales para que el dinero fluya.

Una manera de hacer esto es vender algo. Puede vender muchas de las cosas pequeñas en una venta de garaje, vender por la Internet un objeto poco usado, o un gran objeto precioso mediante los anuncios clasificados. Si su presupuesto se estanca y su plan bola de nieve no rueda, tendrá que ponerse radical.

No recomiendo que venda su casa. Usualmente, la casa no es el problema. Recomiendo a la mayoría de las personas que vendan el automóvil sobre el que deban más. Una buena regla práctica en productos (excepto la casa) es esta: Si no puede estar libre de deudas (no contando la casa) en dieciocho o veinte meses, véndalo. Si tiene un auto o un bote que no puede pagar en dieciocho o veinte meses, véndalo.

Es solo un automóvil. Debe ser radical. Yo también me acostumbré a amar a mi automóvil, pero descubrí que mantener una gran deuda mientras se procura salir de ellas era como echar una carrera con plomo en los tobillos. Aplique *Atrévete a Ser Rico, Perfeccionando el Arte de Hacer Dinero* de modo que más adelante pueda manejar cualquier cosa que quiera y pagarla en efectivo. Cuando se trata de liberarse de deudas, tendrá que tomar la decisión de vivir diferente de los demás; pero recuerde que más tarde podrá vivir, o manejar un automóvil, mejor que los demás.

Hay otro método de romper el estancamiento de su presupuesto. Tener mayores ingresos también despejaría el estancamiento, e impulsaría la bola de nieve. Si su presupuesto es tan estricto que impide rodar la bola de nieve, tiene que hacer algo para aumentar sus ingresos. Vender objetos que aún se deben reduce el gasto, y vender otros objetos aumenta temporalmente nuestro ingreso. Igualmente, trabajar horas extras puede incrementar el ingreso a fin de acelerar el pago de las deudas.

No me gusta la idea de trabajar cien horas por semana, pero algunas veces las situaciones extremas exigen soluciones extremas. Temporalmente, solo por un periodo de tiempo, el trabajo extra o sobretiempo puede ser su solución.

CUANDO TENGA QUE USAR SU FONDO DE EMERGENCIA

Su equipo de aire acondicionado dejó de funcionar en pleno verano y sacó del fondo de emergencia para pagar las reparaciones. Ahora, ¿qué debe hacer? El plan bola de nieve se detiene o regresa al segundo paso (ahorre un mes de gastos). Usted necesita colocar el plan bola de nieve en suspenso.

Continuará haciendo pagos mínimos y regresando al segundo paso hasta que recobre el primer mes de gastos de su fondo de emergencia. Si no lo hace pronto, no tendrá nada en los ahorros, y cuando el alternador del automóvil se rompa, reabrirá alguna cuenta con las tarjetas de crédito. Si usa el fondo de emergencia, regrese al segundo paso hasta que haya rehabilitado su fondo inicial de emergencia, y entonces reanude su plan bola de nieve, tercer paso.

DEUDA DE NEGOCIO

Muchos dueños de pequeños negocios tienen deudas y desean saber cómo manejarlas en el plan bola de nieve. La mayoría de las deudas de pequeños negocios están garantizadas personalmente, lo que significa que son realmente deudas personales. Si usted tiene un préstamo bancario para un pequeño negocio o ha pedido prestado con sus tarjetas de crédito para un negocio, esa es una deuda personal. Trate la deuda de un pequeño negocio como cualquier otra clase de deuda. Enumérelas con todas sus otras deudas, de la más pequeña a la más grande, en el "plan bola de nieve". Si la deuda de su negocio es mayor que la mitad de su ingreso anual bruto, posponga su liquidación hasta más tarde. Las deudas pequeñas y de tamaño mediano son las que queremos pagar en este paso.

Con intensidad de gacela, gran concentración, sacrificio extremo, venta de cosas y trabajos extra, liquidamos todas las deudas. Otra vez, si usted está determinado a luchar, normalmente esto ocurrirá dentro de dieciocho a veinte meses. Algunos saldrán de las deudas más pronto, y otros se demorarán un poco más. Si su plan bola de nieve está programado para rodar más, no tema, puede que no le tome tanto tiempo como la matemática parece indicar.

Muchas personas hayan un modo de acortar el plazo con verdadera intensidad, y Dios tiende a derramar bendiciones sobre la gente que va en la dirección que Él desea que vayan. Es como si caminara o corriera a un paso rápido y de repente aparece debajo de usted una acera móvil que lo lleva más rápido de lo que sus esfuerzos podrían. *"...el alma de los diligentes será prosperada*" (proverbios 13: 4)

El plan bola de nieve es probablemente el paso más importante en *Atrévete a Ser Rico, Perfeccionando el Arte de Hacer Dinero* por dos razones. Primera, libera su más poderoso instrumento para crear riqueza, sus ingresos, durante este paso; segunda, enfrenta con toda responsabilidad la cultura de nuestros países declarando la guerra a la deuda.

Al liquidar sus deudas, usted hace una declaración sobre su postura en cuanto a ellas. Al liquidar su deuda, demuestra que *Atrévete a Ser Rico, Perfeccionando el Arte de Hacer Dinero* de su corazón ha ocurrido, con lo que ha preparado el camino para una transformación total de sus finanzas partiendo de su riqueza actual.

CAPÍTULO 8

Complete el Fondo de Emergencia

"Amado, yo deseo que tú seas prosperado en todas las cosas, y que tengas salud, así como prospera tu alma" (3 Juan 1: 2)

Cierre los ojos y piense en lo que será cuando alcance este paso. La mayoría de los que participan intensamente en *Atrévete a Ser Rico* llegarán a los comienzos del cuarto paso en cerca de dieciocho o veinte meses. Cuando llegue a este paso, tendrá un mes de gastos en efectivo y ninguna deuda excepto la hipoteca de su casa (si la hubiere). Ha empujado con tal intensidad de concentración que la bola está ahora rodando y usted tiene el impulso a su favor. Repito, cierre los ojos y respire fuerte. Piense en cómo se sentirá cuando se vea libre de deudas salvo la hipoteca de la casa y con un mes de efectivo ahorrado. ¿Lo vi sonreír?

Usted está comenzando a ver el poder de hallarse en control de su mayor instrumento creador de riqueza, su ingreso. Ahora que no tiene que hacer pagos, salvo el de su casa, el cuarto paso debe darse rápidamente.

CUARTO PASO: COMPLETE EL FONDO DE EMERGENCIA

Un fondo de emergencia totalmente abastecido cubre de tres a seis meses de gastos. ¿Qué le costaría vivir de tres a seis meses si pierde su fuente de ingresos? Los planificadores y consejeros financieros como yo han usado este método práctico por años y les ha servido bien a mis participantes en *Atrévete a Ser Rico*. Usted comienza el fondo con un mes de gastos, pero uno plenamente abastecido usualmente alcanzará seis meses de gastos. ¿Cómo sería sentirse no teniendo que hacer pagos salvo el de la casa, y seis meses en ahorros para cuando llueva?

¿Recuerda lo que dijimos sobre las emergencias un par de pasos atrás? Va a llover; necesita una sombrilla. No se olvide, la revista *Money* dice que 78% de nosotros tendrá un importante acontecimiento inesperado dentro de los próximos diez años. Cuando lo grande ocurra, como el desempleo o la explosión del motor del automóvil, usted no puede depender de las tarjetas de crédito. Si usa las deudas para cubrir emergencias, ha vuelto atrás de nuevo. Un bien concebido plan financiero como el de *Atrévete a Ser Rico* lo librará de deudas para siempre. Un fuerte cimiento en su casa financiera incluye la gran cuenta de ahorros, que será usada *solo en emergencias*.

Voy a tocar sobre este tambor otra vez porque es vital si su libertad financiera va a ser permanente. El peor tiempo para pedir prestado es cuando los momentos son malos. Si hay una recesión y pierde su empleo (léase, "no ingresos") usted no quiere tener un montón de deudas. En una reciente encuesta de Gallup, 78% de los estadounidenses interrogados dijeron que pedirían prestado con una tarjeta de crédito si llega el día de lluvia y que esto no sería difícil. Estoy de acuerdo en que no sería difícil porque las tarjetas de crédito se emiten para la personas que contraen deudas cada año, pero eso no quiere decir que sería sabio. Lo que sería difícil es hacer los pagos y aun saldar la deuda si usted no encuentra un empleo nuevo. Una encuesta en la revista *parenting* dice que 49% de los estadounidenses podrían cubrir menos de los gastos de un mes si perdieran su fuente de ingresos.

La mitad de esta cultura casi no tiene amortiguador entre ellos y la vida. Los problemas parecen ser (y creo que realmente son) menos frecuentes cuando tiene abastecido plenamente su fondo de emergencia. No olvide que el fondo de emergencia realmente actúa como un repelente de problemas financieros.

¿En qué consiste una emergencia? Una emergencia es algo que usted no tiene manera de saber que va a ocurrir, algo que tiene un gran impacto en usted y su familia si no la puede cubrir. Una emergencia es el pago de un deducible en el seguro médico, en la casa o en el automóvil después de un accidente, la pérdida de un empleo o el recorte de sueldo, cuentas médicas que resultan de un accidente o de un problema médico imprevisto, o la rotura de la transmisión o el motor de un automóvil que necesita para el trabajo. Todas esas son emergencias.

Algo que está en venta que usted "necesita" no es una emergencia. Arreglar el bote, a menos que viva en él, no es una emergencia. "Deseo comenzar un negocio" no es una emergencia. "Deseo comprar un automóvil o un sofá de cuero, o ir a Cancún de vacaciones" no es una emergencia. Los vestidos para el baile de fin de curso y la matrícula universitaria no son emergencias. Tenga cuidado de no racionalizar el uso de su fondo de emergencia en cuanto a algo para lo que usted debería ahorrar y comprar. Por otra parte, no haga pagos de cuentas médicas después de un accidente si su fondo de emergencia está bien abastecido. Si se ha tomado el trabajo de crear un fondo de emergencia, asegúrese de que está bien consciente de qué es y qué no es una emergencia.

Antes de usar el fondo de emergencia, apártese de la situación y tranquilícese. Mi esposa y yo nunca usaríamos el fondo de emergencia sin primero discutirlo y llegar a un acuerdo. Tampoco lo usaríamos sin haberlo pensado la noche antes y haber orado sobre el asunto. Nuestro acuerdo, nuestra oración y nuestro período de calma nos ayudan a determinar si la decisión es una racionalización, una reacción o una verdadera emergencia.

SE DEBE TENER FÁCIL ACCESO AL FONDO DE EMERGENCIA

Guarde su fondo de emergencia en algo que sea líquido. "Líquido" es un término monetario que significa fácil de obtener sin penalidades. Si tiene dudas para usar el fondo a causa de las penalidades que incurrirá en tomarlo, lo tiene en un sitio equivocado. Yo utilizo bienes raíces, fondos mutuos, bonos y bolsa de valores, para inversiones a largo plazo, pero nunca pondría allí mi fondo de emergencia. Si el motor de mi automóvil se rompiera, estaría tentado a pedir prestado para arreglarlo en vez de usar efectivo de mi fondo mutuo, porque el mercado ha bajado (siempre deseamos esperar que suba). Esto quiere decir que tengo el fondo de emergencia en un lugar errado. Los fondos mutuos, los bonos y la bolsa de valores, son buenas inversiones a largo plazo, pero debido a las fluctuaciones del mercado probablemente tenga una emergencia cuando el mercado está cayendo. ¡Así que mantenga su fondo de emergencia líquido!

Por la misma razón no use certificados de depósito (CD) para su fondo de emergencia, porque lo más probable es que le apliquen una penalidad por extraer fondos prematuramente. La excepción a esto es si puede conseguir alguna clase de CD de fácil extracción que permita sacar fondos durante el período convenido sin penalidades. Esa rápida extracción pone el dinero a la disposición de usted sin penalidad y hará de ese CD un buen fondo de emergencia. Entienda, usted no desea "invertir" el fondo emergencia, sino tenerlo en un lugar seguro y de fácil acceso.

Si ya tiene el dinero del fondo de emergencia en algún lugar que no debe estar, use su cabeza si alguna verdadera emergencia le toca.

Le sugiero una cuenta de ahorros a la vista para su fondo de emergencia, allí ganará intereses. No he encontrado cuentas de ahorro con intereses que sean competitivas, pero están aseguradas por instituciones gubernamentales. Recuerde que el interés que se gana no es el asunto principal. Lo principal es que el dinero está disponible para cubrir emergencias. Su riqueza no va a crearse en esta cuenta; eso ocurrirá después, en otros lugares que le mencionaré más adelante. Esta cuenta es más como seguro contra los día lluviosos que para invertir.

Algunas veces, antes de explicar todo esto, las personas preguntan por bonos de ahorro u otras inversiones de "bajo riesgo". Están confundidos. Repito, este fondo de emergencia *no es para crear riqueza*. Usted recibirá otra clase de ganancia por inversiones de esta cuenta, pero el propósito de este dinero no es hacerlo a usted rico. La misión del fondo de emergencia es protegerlo contra las tormentas, darle paz y evitar que el próximo problema se convierta en una deuda.

¿QUÉ CANTIDAD?

¿De cuánto dinero debe estar dotado su fondo de emergencia? Dijimos ya que debe ser suficiente para cubrir de tres a seis meses de gastos.

Nosotros usamos seis meses de gastos en lugar de seis meses de ingresos, porque el fondo es para cubrir gastos, no para reemplazar ingresos. Si usted se enferma o pierde el empleo, necesita mantener las luces encendidas y alimento en la mesa hasta que las cosas cambien, pero podría dejar de invertir, y definitivamente suspenderá el gasto rápido de dinero presupuestado hasta que la lluvia cese. Por supuesto, cuando usted acaba de empezar *Atrévete a Ser Rico, Perfeccionando el Arte de Hacer Dinero*, sus gastos podrían igualar a sus ingresos.

Más tarde, cuando esté libre de deudas, tenga los seguros adecuados y tenga grandes inversiones, podrá sobrevivir con mucho menos de sus ingresos.

EL GÉNERO Y LAS EMERGENCIAS

Las personas de ambos sexos ven el fondo de emergencia en forma diferente. En general, los hombres son más inclinados al trabajo y las damas se basan más en la seguridad. A los hombres les gusta saber qué "hace" usted, así que algunos no entendemos la idea del dinero inmovilizado para tener seguridad. La mayoría de las mujeres que conozco sonríen cuando empezamos a hablar de tener ahorrados seis meses para gastos entre ellas y la lluvia. Muchas dicen que el fondo de emergencia y el seguro de vida son las mejores partes de *Atrévete a Ser Rico, Perfeccionando el Arte de Hacer Dinero*, para su familia.

Señores, vamos a conversar. En esto Dios dotó a las mujeres mejor que a nosotros. Su naturaleza las mueve a gravitar hacia el fondo de emergencia. En algún lugar dentro de la mujer típica existe una "glándula de seguridad", y cuando el estrés financiero entra en escena, la glándula se contrae. Esta glándula espasmódica afectará a su esposa en formas que usted no puede siempre predecir.

Una glándula espasmódica de seguridad puede afectar sus emociones, su concentración y aun su vida amorosa. Aparentemente, la glándula de seguridad está adherida a su rostro. ¿Puede ver el estrés financiero en su rostro? Créanme señores. Una de las mejores inversiones que ustedes harán será un fondo de emergencia.

Un fondo emergencia debidamente abastecido y un esposo en el medio de una transformación total de sus finanzas relajarán la glándula de seguridad de la mujer y hará su vida mucho más placentera. Como dice Jeff Allen, comediante:

"Mujer feliz, vida feliz". En fin, que si todavía no tiene un fondo de emergencia, háganse de uno.

SI USTED NO ES DUEÑO DE CASA

Sigo diciendo que usted está libre de deudas salvo por la casa en este momento y ahorrando para terminar el fondo de emergencia. ¿Qué tal si aún no tiene casa? ¿Cuánto ahorrará usted para el pago de la inicial? Voy a tratar de convencer a tantos como sea posible sobre el plan de 100% de inicial, pero sé que algunos de ustedes tomarán la hipoteca de quince años con tasa de interés fija.

A mí me encantan los bienes raíces, pero no compre una casa hasta que no termine este paso. Una casa es una bendición, pero si pasa a ser propietario con deudas y sin fondo de emergencia, los problemas financieros establecerán residencia en el cuarto vacío. Creo en las ventajas financieras y emocionales de la propiedad de una casa, pero he conocido muchas parejas jóvenes agobiadas porque corrieron a comprar algo sin estar listos.

Ahorrar para un pago de entrada o compra al contado de una casa debería ocurrir una vez liberado de la deuda en el tercer paso y luego de finalizar el fondo de emergencia en este cuarto paso. Usted debe ahorrar para la casa si está desesperado, y de eso vamos a hablar en el próximo paso. Muchas personas se preocupan por tener una casa pero, por favor, que eso sea una bendición más que una maldición. Será una maldición si compra algo mientras está en quiebra. *"Si piensas construir tu casa, atiende primero a tus negocios, y no desatiendas a tu familia"* (Proverbios 24: 27) TLA.

CREACIÓN DE RIQUEZA EN SERIO

Bueno, usted lo ha logrado. Ahora está libre de deudas salvo la hipoteca de la casa, y tiene ahorros para cubrir gastos de seis meses. Llegar al final de este paso le toma de veinticuatro a treinta meses a una familia típica, si es del tipo de gacela intensa. De dos a dos años y medio, desde el momento en que comienza *Atrévete a Ser Rico, Perfeccionando el Arte de Hacer Dinero*, se puede sentar en la mesa de la cocina sin pagos, salvo el de la casa, y con unos seis meses de gastos en una cuenta de ahorros. Cierre los ojos una vez más y deje que sus emociones y su espíritu visiten ese lugar. Caramba, lo veo sonriendo ahora.

Soy muy exigente y apasionado en seguir estos principios y pasos precisamente porque he visto a personas triunfar con la aplicación de *Atrévete a Ser Rico, Perfeccionando el Arte de Hacer Dinero*. He escuchado muchas excusas, muchas razones y lamentos, y muchas racionalizaciones de personas que dicen que son diferentes y poseen una fórmula mejor, pero créame, no es así. Lo mejor que tienen los principios es que hacen la vida fácil. Cuando alguien basa su vida en principios, 99% de las decisiones ya están tomadas.

Una vez que hayamos cubierto estos pasos básicos y que hayamos echado los cimientos, habrá llegado el momento de crear alguna riqueza. Recuerde, por eso comenzamos *Atrévete a Ser Rico, Perfeccionando el Arte de Hacer Dinero*. Deseábamos no solo estar libre de deudas, sino llegar a tener riqueza suficiente para dar, retirarnos con dignidad, dejar una herencia y gozar de alguna diversión costosa. Manténgase sintonizado para que disfrute de una gran diversión.

CAPÍTULO 9

Quinto Paso: Ahorre

"Ve a la hormiga, oh perezoso, Mira sus caminos, y sé sabio; La cual no teniendo capitán, ni gobernador, ni señor, prepara en el verano su comida, y recoge en el tiempo de la siega su mantenimiento" (Proverbios 6: 6-8)

Es importante ahorrar dinero porque en el futuro necesitarás cosas que ahora no necesitas. Por ejemplo, podrá querer comprar un regalo muy especial para tu cónyuge, podrías tener una emergencia y necesitar dinero, o tal vez ir a la universidad. La gente que no ahorra para estas cosas tiene que pedir prestado el dinero, Pero luego tienen que devolver el préstamo, más los intereses. Así que es mejor ahorrar ahora y cuando lo requieras, ahí estará tu dinero.

Desafortunadamente, muchas personas no tienen el hábito del ahorro regular. De acuerdo con una fuente, la persona promedio en los Estados Unidos está a tres semanas de terminar en bancarrota. Generalmente tiene muy poco o nada de dinero ahorrado, importantes obligaciones mensuales para pagar sus cuentas de crédito y una dependencia total del siguiente pago del sueldo para poder mantener su presupuesto a flote.

Este no es tu caso. Para cuando llegues a este paso, ya estarás libre de deudas y habrás completado tu fondo de emergencia equivalente a 6 meses de gastos.

Ahora ha llegado el momento de empezar a crear una columna de activos que te generen ingresos pasivos. ¿Recuerdas cuando hiciste la radiografía de tus finanzas? Allí había un cuadrante abajo y a la izquierda denominado "Activos".

Ese cuadrante vamos a empezar a llenarlo con la compra de activos productivos, o sea, aquellos activos que te generen ingresos pasivos, vale decir, aquellos ingresos que llegan a tu bolsillo sin que tengas que ir a trabajar (Si deseas refrescar conceptos sobre activos productivos lee de nuevo el Capítulo 3).

Para eso, debemos empezar a ahorrar. Los expertos en finanzas aconsejan ahorrar entre un 10% y 30% de tus ingresos brutos.

EL AHORRO, EL PRINCIPIO DE JOSÉ

La Biblia nos enseña que es sabio ahorrar: *"El sabio ahorra para el futuro, pero el necio derrocha cuanto obtiene"* (Proverbios 21: 20 LBD).

En el libro de Génesis, la Biblia nos relata la vida de un joven llamado José, era Gobernador de Faraón y estaba a cargo de la administración de los recursos de Egipto. José ahorró durante siete años de abundancia para asegurarse de que hubiera el alimento necesario para los siete años de escasez. José recomendó a Faraón guardar un 20% de la cosecha durante la época de las vacas gordas, para usarlas en la época de las vacas flacas (Génesis 41: 34-36 TLA). Este es el porcentaje que yo recomiendo a mis alumnos que deben ahorrar. Ahora bien, la mayoría de las personas no tienen el hábito del ahorro, si este es tu caso, te sugiero que empieces ahorrando un 5% durante los primero tres meses, esto te creará el hábito de ahorrar. Luego continúa con un 10% los siguientes tres meses, 15% los siguientes tres meses y 20% los últimos tres meses; de esta forma, en menos de un año ya estarías ahorrando el 20% recomendado.

El ahorrar quiere decir privarse de gastos hoy para poder tener algo para gastar en el futuro. Posiblemente por esto la mayoría de las personas nunca ahorra, porque requiere negarse algo que quiere hoy, y no vivimos precisamente en una cultura de negación. Cuando queremos algo, ¡lo queremos ya!

Ahorrar es hacer provisión para mañana, mientras que la deuda es presunción del mañana. *"Tesoro precioso y aceite hay en la casa del sabio: mas el hombre insensato todo lo disipa"* (Proverbios 21: 20).

¿CÓMO AHORRAR?

Ahorrar requiere disciplina y sacrificio para planificar tu futuro. Puedes empezar ahorrando el dinero que usabas para pagar deudas así como cualquier ingreso extra que tengas. Limita tus lujos, compra solo aquello que cubra tus necesidades, ahorra en energía y servicios. Reduce tus gastos, aumenta tus ingresos y ahorra la diferencia.

Hay dos tipos de ahorro: a largo y a corto plazo

AHORROS A LARGO PLAZO

Ahorros a largo plazo son aquellos destinados a cubrir necesidades o metas a largo plazo, como ingresos para la jubilación, o para dejar herencia. Las pensiones y las cuentas de jubilación están dentro de esta categoría. Estos ahorros no deben usarse para nada que no sea la meta para la cual se han asignado, a menos que sea una situación de extrema emergencia financiera.

AHORROS A CORTO PLAZO

Los ahorros a corto plazo deben estar fácilmente accesibles. Estos pueden incluir cuentas que paguen interés. Estos ahorros los guardamos para usarlos en gastos planeados para el futuro, ya sea adquiriendo o reemplazando objetos, como por ejemplo electrodomésticos, automóviles, Etc., o para hacerle arreglos a la casa.

También están diseñados para cubrir emergencias como una enfermedad, la pérdida del trabajo o cualquier razón que determine alguna alteración en nuestros ingresos. Como ya lo vimos en Capítulo 6, este fondo de emergencias debe ser equivalente a sus gastos de entre tres a seis meses.

LA OCTAVA MARAVILLA DEL MUNDO: EL INTERÉS COMPUESTO

Al barón Rothschild, que era multimillonario, se le preguntó una vez si había conocido las siete maravillas del mundo. Y su respuesta fue la siguiente: "No, pero sí conozco las ventajas de la octava maravilla del mundo: el interés compuesto". El interés compuesto es crucial. Existen tres variables que tienen que ver con esto: a) la cantidad que ahorra; b) la tasa de interés que gana en sus ahorros; y c) el tiempo que mantiene sus ahorros.

> *a) La cantidad.* La cantidad que ahorra depende de sus ingresos, del costo de su nivel de vida, de cuánta deuda tiene y de su fidelidad al manejar su presupuesto. Espero que pueda incrementar la cantidad que ahorra a medida que practique estos principios bíblicos hasta alcanzar el veinte por ciento que recomiendo.

> *b) La tasa de interés.* La segunda variable es la cantidad de interés que gana en una inversión. El siguiente cuadro nos muestra cómo puede crecer una inversión de $ 1,000 anuales con diferentes tasas de interés.

Como puede ver, el incremento en la tasa de ganancia tiene un tremendo impacto en la cantidad acumulada. Con un incremento del 2%, la cantidad casi se ha duplicado en 40 años. Sin embargo, tenga cuidado al invertir con una tasa alta con tal de recibir más ganancia, porque mientras más alta sea la tasa, más alto es el riesgo.

Interés	Año 5	Año 10	Año 20	Año 30	Año 40
6%	5,975	13,972	38,993	83,802	164,048
8%	6,336	15,645	49,423	122,346	279,781
10%	6,716	17,531	63,003	180.943	486,852
12%	7,115	19.655	80,699	270,293	859,142

c) El tiempo. El tiempo es un factor que no podemos controlar, pero los beneficios de empezar lo más temprano posible son enormes. Si una persona es constante y ahorra $ 2,74 al día, o sea $ 1,000 al año, y gana un 10% de interés, dentro de 40 años sus ahorros crecerán a $ 486,852 y tendría una ganancia de $ 4,057 mensuales solamente en intereses. ¡La tenacidad paga! Sin embargo, si una persona espera un año para empezar a ahorrar, y ahorra por un período de 39 años, logrará acumular $ 45,260 menos. ¡Empiece a ahorrar hoy mismo!

Tal vez usted esté pensando que es demasiado tiempo para alcanzar esa suma con sólo ahorrar, pero tenga paciencia, en el séptimo paso voy a enseñarle como usar sus ahorros para obtener ganancias del 30%, 50%,100%, 1000% y hasta 3.000% anual. Recuerde, un paso a la vez, en el orden que le estoy indicando. Ser rico no es un secreto, ser rico es un proceso.

No temas al cero. Comienza desde cero con paz y libertad. Valora lo poco, las grandes riquezas comienzan con las pocas monedas.

En el siguiente paso te enseñaré lo que debes aprender para usar tus ahorros sabiamente y alcanzar la libertad financiera que Dios quiere para ti.

CAPÍTULO 10

Sexto Paso: Capacítese

"Sabiduría ante todo; adquiere sabiduría; y sobre todas tus posesiones adquiere inteligencia" (Proverbios 4: 7)

El secreto del éxito en la vida de una persona está en *prepararse* para aprovechar la ocasión cuando se presenta, porque si la vida le da la oportunidad que usted desea, y no está preparado, la perderá.

Proverbios 22: 9 dice *"Has visto hombre solícito, delante de los reyes estará; no estará delante de los de baja condición"*

El Conocimiento es poder. Una vez que tengas conocimiento, puedes esperar la oportunidad, y aprovecharla cuando llegue.

El primer obstáculo es la ignorancia. En una cultura que rinde culto al conocimiento, decir ignorancia sobre el dinero es un tema que pone a algunas personas a la defensiva. No se ponga a la defensiva. La ignorancia no es falta de inteligencia; es falta de conocimiento. He visto muchos bebés recién nacidos de amigos, parientes, miembros de la iglesia y miembros del equipo. Nunca he visto a uno listo para hacerse rico. Los amigos y parientes nunca se reúnen alrededor de la ventana de la guardería y exclaman: "¡Oye, mira! ¡Ella es un genio financiero de nacimiento!"

Nadie nace con el conocimiento de cómo manejar un automóvil. Nos enseñan la habilidad (aunque algunos parecemos no haberla aprendido). Nadie nace con el conocimiento de cómo leer y escribir; nos enseñan cómo. Ninguna de estas son capacidades innatas; todo debe enseñarse. De igual manera, nadie nace con el conocimiento de cómo manejar el dinero, pero ¡NO nos enseñan eso! Vamos al colegio a aprender a ganar, ganamos, y luego no tenemos idea de lo que vamos a hacer con el dinero. Una familia promedio hará más de dos millones de dólares en una vida de trabajo, y no se les enseña nada sobre el manejo de ese dinero en la mayoría de las escuelas secundarias y las universidades.

En Septiembre del año 2001 me encontraba en Nueva York, estaba empezando a invertir en la Bolsa de Valores, lo hacía de forma autodidacta, sin comprar cursos ni talleres porque eran muy costosos. Lo hacía sin el conocimiento debido. El 11 de Septiembre de ese año un ataque terrorista derribó las dos Torres del World Trade Center (Centro Mundial del Comercio), mejor conocidas como Las Torres Gemelas. Luego del ataque terrorista la Bolsa de Valores de Nueva York estuvo cerrada durante una semana entera después del ataque, para evitar las ventas masivas de acciones; al iniciar de nuevo las operaciones después de esa semana, el mercado de acciones se desplomó por varios días seguidos. Al tercer día no soporté la caída y vendí todas mis acciones tomando una pérdida de casi cincuenta mil dólares. En su libro, *The Disciplined Trader* (El Negociante Disciplinado), Mark Douglas dice que el mercado de valores es movido por dos grandes emociones: La ambición y el miedo. Esta última emoción, el miedo, fue lo que me llevó a liquidar todas mis posiciones. En otras palabras, mi ignorancia acerca del mercado de valores. Un año después de estos sucesos, el mercado de valores estaba de nuevo al mismo nivel que antes del ataque terrorista. ¡Si lo hubiera sabido!. Luego de esa experiencia, comencé a estudiar, hice cursos y talleres, asistí a conferencias sobre cómo invertir en la Bolsa de Valores, y hasta la fecha he pagado en educación financiera aproximadamente unos diez mil dólares, recuperando poco a poco lo que había perdido. Querido estudiante, la capacitación cuesta, pero la ignorancia cuesta mucho más. Créame.

¿Hacemos un embrollo de nuestras finanzas porque no somos inteligentes? ¡No!. Si usted pone en el asiento del chofer de un auto nuevo a una persona que nunca ha manejado un auto, que nunca ha visto un auto, que no puede deletrear *auto*, el accidente se producirá antes que salga de su casa. Dar marcha atrás y acelerar conducirá a otro accidente. "Hacer más esfuerzo" no es la respuesta, porque el próximo accidente no solo destruirá totalmente el auto, sino que herirá a otras personas. ¡Eso es absurdo!

Durante el transcurso de nuestra vida hacemos unos dos millones de dólares, sin embargo nos graduamos de secundaria, de la universidad o aun de posgrado y no podemos deletrear *finanzas*. ¡Este es un mal plan! Hemos eliminado la enseñanza de las finanzas personales y tenemos que comenzar de nuevo.

Si hace un embrollo de su dinero no ha hecho el mejor uso de él, usualmente la razón es que a usted nunca le enseñaron cómo hacerlo. Ignorancia no significa estupidez; significa que usted tiene que aprender cómo hacer las cosas. Yo soy bastante inteligente, he escrito varios libros, he hablado a miles de personas a través de mis conferencias, talleres y en programas de radio, dirijo con éxito varias compañías y soy Pastor de empresarios y profesionales en mi Iglesia, pero si usted me pide que arregle su automóvil le haría un desastre. Yo no sé cómo; soy ignorante en esa materia.

Superar la ignorancia es fácil. Primero, admita sin pena alguna que no es un experto en finanzas porque nunca le enseñaron. Segundo, termine de leer este libro. Tercero, emprenda una búsqueda total para aprender más sobre el dinero. No necesita matricularse en Harvard para obtener una maestría en negocios con especialización en finanzas; no tiene que buscar un canal televisivo sobre finanzas en lugar de una gran película. Usted necesita leer algo sobre dinero por lo menos una vez al año. Usted debe asistir ocasionalmente a un seminario o conferencia sobre el dinero. Sus acciones deben demostrar que usted se preocupa por el dinero, aprendiendo algo sobre el mismo.

Mi esposa y yo formamos un gran matrimonio, no perfecto, pero grande. ¿Por qué? Nosotros leemos sobre el matrimonio, vamos a retiros matrimoniales y aun nos reunimos una que otra vez con algún amigo que es consejero matrimonial cristiano. ¿Hacemos estas cosas porque nuestro matrimonio está debilitándose? No, las hacemos para hacerlo grande. Tenemos un gran matrimonio porque lo cultivamos, le damos prioridad y buscamos conocimiento sobre el matrimonio. Los grandes matrimonios no ocurren por casualidad. Tampoco la riqueza.

Usted consumirá algún tiempo y esfuerzo para salir de la ignorancia. Otra vez, usted no necesita llegar a ser un mago financiero; solo necesita emplear más tiempo en sus inversiones y su presupuesto que lo que emplea escogiendo dónde va a pasar este año las vacaciones.

La ignorancia no es buena. La frase "lo que no sabe no lo perjudica" es realmente fatal. Lo que usted no sabe lo matará. La biblia dice: *"Pues por falta de conocimiento mi pueblo ha sido destruido"* (Oseas 4: 6 NVI). Lo que usted no sabe acerca del dinero lo arruinará y lo mantendrá arruinado. Termine con este libro y lea algunos libros sobre finanzas. Usted puede siempre buscar mi sitio web: www.finanzasdebendicion.com para lecturas recomendadas por otros autores que generalmente coinciden con mis enseñanzas.

Ponga dinero en su mente que a futuro su mente pondrá dinero en sus bolsillos.

LOS 7 HÁBITOS DE LA GENTE ALTAMENTE EXITOSA

¿Qué es lo que distingue de las masas a Donald Trump y Ted Turner? ¿En qué se parece Pete Rose a Ronald Reagan? Todos ellos se han mostrado capaces de actuar coherentemente y con eficacia en orden a la realización de sus sueños. ¿Y por qué perseveran, día tras día, poniendo todo su ser en todo lo que hacen?

Muchos son los factores que contribuyen a la explicación, naturalmente. Pero creo que cabe condensarlos en siete hábitos fundamentales que les sirven de impulso para hacer lo necesario para triunfar. Éstos son los siete mecanismos activadores básicos que pueden garantizarle éxito también a usted:

Hábito número uno. ¡La pasión! Descubre tu Pasión. La pasión es el motor que te llevará a lograr resultados extraordinarios. Lo que construye la riqueza no es el miedo, sino la pasión. Encuentra tu pasión, luego determina tu misión, esto hará que tus sueños se hagan realidad.

La pasión está en todas esas personas que han descubierto una razón que las consume, les da energía, casi las obsesiona, y las impulsa a obrar, a progresar, a destacar. Es la locomotora que tira del tren de su éxito poniendo en juego sus más hondas capacidades. Es la pasión lo que hacía que Pete Rose se lanzara en plancha, cuando llegaba a la segunda base, como si fuese un recién seleccionado en su primer partido de primera división de béisbol. La pasión que pone un Lee Iacocca en lo que hace es lo que le distingue de tantos otros. Es la pasión lo que impulsa a los investigadores en informática que invierten años en crear una innovación capaz de llevar a hombres y mujeres al espacio y hacerles regresar sanos y salvos. Por pasión, uno madruga y trabaja hasta altas horas de la noche.

Pasión es lo que quiere hallar la gente en sus relaciones; la pasión da vigor a la existencia y le confiere savia y sentido. No se alcanza la grandeza sin una pasión por ser y hacer algo grande; no importa si las aspiraciones son las de un atleta o las de un científico, las de un padre de familia o las de un hombre de negocios.

Haz una lista de las cosas que debas y quieras aprender, según tu pasión y busca capacitarte en esas áreas. Apunta a tu crecimiento: Si tomas hoy la decisión de crecer un 1% diariamente, en un año habrás crecido 365%. Mantente enfocado. Pregúntate si lo que estás haciendo hoy, te llevará adonde quieres estar mañana.

Hábito número dos. *¡La Fe!* Todas las doctrinas religiosas de este planeta nos hablan del poder de la fe y de las creencias de la humanidad. Son las creencias lo que distingue primeramente a quienes destacan en algo grande de quienes fracasan, ya que nuestra fe en lo que somos y podemos llegar a ser determina con bastante exactitud lo que seremos. Si creemos en la magia, tendremos una vida mágica; si creemos que en la vida predominan las limitaciones, nos habremos puesto límites muy reales. Lo posible es aquello que nosotros creamos verdadero, posible o real.

Muchas personas tienen la pasión, pero al haberse reducido a unos límites estrechos en virtud de lo que creen ser ellas mismas y de cómo valoran sus posibilidades, nunca llegan a emprender las acciones que les permitirían convertir sus sueños en realidad. La pasión y la fe se combinan para dar el «combustible», el impulso que lleva a la excelencia. Pero no basta con el impulso, como tampoco no basta cargar de combustible un cohete y enviarlo a ciegas hacia los cielos.

Además de esa fuerza, se necesita un sentido, una noción inteligente de progresión lógica. Para dar en nuestro blanco necesitamos también el siguiente hábito.

Hábito número tres. *¡La estrategia!* La estrategia es la manera de organizar los recursos. Cuando Steven Spielberg decidió convertirse en cineasta, se trazó la línea que le conduciría hacia el mundo que deseaba conquistar. Se imaginó lo que necesitaba aprender, a quién le convenía conocer y lo que debía hacerse. Tuvo la pasión y la fe, pero también la estrategia necesaria para que estos factores desarrollaran su potencial máximo. Ronald Reagan desarrolló ciertas estrategias de comunicación que solía aplicar con gran constancia hasta obtener los resultados que buscaba. Todo gran artista del espectáculo, político, padre de familia o empresario, sabe que para triunfar no basta con los recursos; es preciso utilizarlos del modo más eficaz. Buscar una estrategia equivale a admitir que el talento y la ambición, por sobresalientes que sean, siempre necesitan encontrar un camino bien orientado. Uno puede abrir una puerta derribándola, o descubrir que no estaba echada la llave. La estrategia, te conduce a la excelencia.

Hábito número cuatro. *¡La claridad de los valores!* Cuando pensamos en lo que ha engrandecido a muchos países se nos ocurren cosas tales como el patriotismo y el orgullo, la tolerancia y el amor a la libertad. Esos son valores: los juicios fundamentales de orden ético, moral y práctico que formulamos acerca de lo que realmente importa. Los valores son sistemas de creencias que nos sirven especialmente para juzgar lo que está bien y lo que está mal en nuestras vidas; son nuestros juicios acerca de lo que vale la pena. Muchas personas no tienen una noción clara de lo que es importante para ellas.

A menudo los individuos hacen cosas por las que luego se sienten descontentos de sí mismos, sencillamente porque no tienen claro lo que inconscientemente creen que está bien para ellos y para los demás. Cuando contemplamos a los grandes triunfadores vemos que casi siempre son personas con un gran sentido de lo que fundamentalmente les importa en realidad. Pensemos en John F. Kennedy, Martin Luther King o Jane Fonda. Son personas cuyas visiones difieren mucho, pero que coinciden en poseer un fundamento moral básico, un sentido de lo que son y de por qué hacen lo que hacen. Una comprensión clara de los valores es una de las claves más exigentes, y al propio tiempo más gratificantes, para alcanzar la excelencia.

Como probablemente habrá observado, todos estos hábitos se alimentan e influyen mutuamente. ¿Tiene la pasión algo que ver con las creencias? Sí, naturalmente. Cuanto más convencidos estemos de que podemos realizar algo, más recursos, por lo general, estaremos dispuestos a invertir en su consecución. Ahora bien, ¿basta la fe, por sí sola, para alcanzar la excelencia? Es un buen comienzo, pero si confía usted en ver salir el sol y se plantea como estrategia para alcanzar ese objetivo la de echar a correr hacia el oeste, es probable que choque con algunas dificultades. Y nuestras estrategias para el triunfo, ¿se ven afectadas en algún sentido por nuestros valores? Desde luego. En el supuesto de que la estrategia planteada le exigiese hacer cosas contrarias a sus creencias inconscientes sobre lo que está bien o mal para su vida, no funcionará, por bien concebida que estuviese. Esto lo vemos a menudo en aquellas personas que empiezan a triunfar, pero acaban por sabotear su propio éxito. En estos casos, el problema estaba en un conflicto interno entre los valores individuales y la estrategia seguida para alcanzar el éxito.

De la misma manera, las cuatro cosas que hemos considerado hasta aquí son inseparables del hábito número cinco.

Hábito número cinco. *¡La energía!* La energía puede ser la entrega total y jubilosa de un Bruce Springsteen o de un Jesucristo. O el dinamismo empresarial de un Donald Trump o un Steve Jobs. O bien la vitalidad de un Ronald Reagan, una Katherine Hepburn. A la excelencia difícilmente se llega paseando a ritmo demasiado sosegado. Los triunfadores se apoderan de las oportunidades y les dan forma. Viven como obsesionados por las maravillosas ocasiones de cada día, convencidos de que lo único que no le sobra a nadie es el tiempo. En el mundo son muchos los que tienen una pasión en la que creen a ciegas, y conocen la estrategia que les permitiría satisfacerla, y tienen un orden claro de valores, pero simplemente carecen de la vitalidad física que necesitarían para actuar como ellos saben. El triunfo a lo grande es inseparable de la energía física, mental y espiritual que se necesita para sacar el máximo de nuestras posibilidades.

Hábito número seis. *¡Trabajo en equipo!* Casi todos los triunfadores tienen en común una extraordinaria capacidad para trabajar en equipo, es decir, un talento para conectar y establecer relaciones con las demás personas, cualesquiera que sean sus orígenes sociales y sus creencias. No digo que no pueda darse a veces un genio solitario, inventor de algo capaz de cambiar el mundo; pero si el genio se pasa toda la vida en confinamiento solitario, habrá triunfado en un aspecto pero fracasado en otros muchos. Los grandes triunfadores (los Kennedy, los King, los Reagan, los Gandhi y hasta Jesucristo), tienen siempre la cualidad de crear lazos que les unen con millones de contemporáneos.

El mayor triunfo no sucede en los escenarios del mundo, sino en los repliegues íntimos del corazón. Y en el fondo, todos deseamos establecer relaciones duraderas de afecto con otros, pues sin ellas cualquier éxito o cualquier excelencia nos parecerían huecos y vacíos.

Hábito número siete. *¡Maestría en las comunicaciones!* El modo en que nos comunicamos con Dios, el modo en que nos comunicamos con otros, y el modo en que nos comunicamos con nosotros mismos, determinan en último término la calidad de nuestra vida.

Las personas que tienen éxito son las que han aprendido a aceptar cualquier desafío que les presente la vida y a comunicar esa experiencia consigo mismos de tal manera que logran cambiar las cosas a mejor. Las personas que fracasan se resignan ante las adversidades de la vida y las asumen como limitaciones. Las gentes que conforman y moldean nuestras existencias y nuestras culturas son también maestros en comunicarse con los demás. En todos ellos hallamos la capacidad de transmitir una visión, una búsqueda, una alegría o una misión.

El dominio de las comunicaciones es lo que hace a los grandes padres, los grandes artistas, los grandes empresarios, los grandes políticos y los grandes maestros. En casi todos los aspectos de la vida nos veremos obligados a tratar el tema de la comunicación de un modo u otro, por lo que representa un puente capaz de vencer separaciones, construcción de nuevos caminos y difusión de nuevas visiones.

¿EN QUÉ OTROS TEMAS DEBO EDUCARME?

"Sabiduría ante todo; adquiere sabiduría; y sobre todas tus posesiones adquiere inteligencia" (Proverbios 4: 7)

La clave de la riqueza está en tener una buena base sólida de conocimientos.

Edúcate en los 3 tipos de inteligencia:
- *Inteligencia Académica.* (Escuela, Colegios, Universidades)
- *Inteligencia Emocional.* Es el control de nuestras emociones a través del dominio propio que Dios nos dio. *"Porque no nos ha dado Dios espíritu de cobardía, sino de poder, de amor y de dominio propio".* (2 Timoteo 1: 7)
- *Inteligencia Financiera.* Para generar ingresos como el Rey Salomón, Administrar nuestro dinero como José, y Multiplicarlo como lo hizo Isaac.

También necesitarás adquirir las siguientes habilidades:
- *Liderazgo.* Es fundamental en los negocios y en todas las áreas de tu vida. La mayoría de las empresas fracasan más por la falta de liderazgo que por cualquier otro factor.
- *Administración.* Es la gestión del flujo de efectivo y los sistemas de tu empresa. Para administrar el flujo de efectivo, debes saber leer estados financieros, análisis de

ventas, cuentas por cobrar, gastos y cuentas por pagar. Si aprendes a leer estados financieros, te estás posicionando para el éxito.
- ***Ventas y Marketing***. No son menos importantes. Para ser buenos en este tema debemos aprender a comunicarnos de manera efectiva. Convencer a la gente que vale la pena comprar nuestro producto o servicio.

Todas estas habilidades de liderazgo, administración, ventas y marketing, se pueden aprender estudiando y a través de la experiencia de trabajar.

CULTIVA TU TRABAJO, TALENTOS Y HABILIDADES

Primeramente, el hombre ha sido diseñado por Dios para hacer su trabajo de tal manera que él es capaz de convertirlo en una cosa mucho mejor de cómo era originalmente. En la parábola de los talentos, el hombre que se encontraba viajando fuera del país le confió al primer siervo cinco talentos, al segundo le confió dos talentos y al tercero le confió un talento, *"a cada uno conforme a su capacidad"*. Está implicado que el hombre les dijo a ellos, "Ahora, cuando yo regrese, yo no solo quiero ver el mismo dinero que les di. Yo quiero ver la ganancia sobre mi dinero invertido en ustedes". Cuando el hombre regresó, y el siervo que solo tenía un talento no había hecho nada para obtener ganancia del dinero de su amo, fue llamado *"malo y negligente"*. (Mateo 25: 26). Sin embargo, al siervo que había recibido cinco talentos fue y negoció con ellos, y ganó otros cinco talentos. Asimismo el que había recibido dos, ganó también otros dos (Mateo 25: 16-17).

Esta parábola de Jesús nos enseña que Dios nos da a cada uno conforme a nuestra capacidad; es decir, que mientras más capacitados seamos, estaremos listos para recibir lo que Dios tiene para nosotros.

TRABAJA PARA TI MISMO

"Si trabaja duro en su empleo, puede ganarse la vida. Si trabaja duro en usted mismo, puede ganar una fortuna". Jim Rohn.

La estrategia central de este Taller para alcanzar la libertad financiera, es construir tu propio negocio o empresa. Si optas por no hacerlo, aun puedes alcanzar la libertad financiera pero más lentamente, manteniendo:
- Los costos bajos
- La reducción de pasivos
- La construcción diligente de una base sólida de activos productivos

¿DÓNDE ENCUENTRO TODO ESTA CAPACITACIÓN?

- Internet:
www.emprendevenezuela.com
www.finanzasdebendición.com
- Revistas financieras
- La Prensa diaria (Páginas de economía)
- Libros

"Bien, buen siervo fiel, sobre poco has sido fiel, sobre mucho te pondré; entra en el gozo de tu Señor" (Mateo 25: 21)

CAPÍTULO 11

Séptimo Paso: Invierta

"...acuérdate de Jehová tu Dios, porque él te da el poder para hacer las riquezas..." (Deuteronomio 8: 18)

José, de cuarenta años de edad tiene una figura escultural. Es delgado con buena musculatura, pero no es un fanático de la salud natural. Vigila lo que come y ejercita un par de veces por semana. Andrés, de treinta años hace dieta con fanatismo, corre cada día, levanta pesas tres veces por semana, pero tiene un sobre peso de casi veinte kilos. Andrés comenzó su jornada salutífera hace dos años y está perdiendo peso y mejorando su físico. José, hombre musculoso, mantiene lo que logró tras duro ejercicio años atrás, pero no ha seguido haciéndolo con tanto vigor hoy.

En *Atrévete a Ser Rico, Perfeccionando el Arte de Hacer Dinero* es lo mismo. La intensidad en el enfoque es necesaria para dar los pasos hacia la riqueza, pero un mantenimiento sencillo conservará sus músculos monetarios. Recuerde: José el musculoso nunca come tres platos de alimento de una sentada. Es consciente de que puede perder su esbeltez, pero puede lucir bien y sentirse bien con mucho menos esfuerzo, dando por sentado que recuerda los principios que le facilitaron desarrollar su magnífico cuerpo.

La intensidad en el enfoque le ha permitido perder cien kilos de deuda y tener listo su "cardiofondo" de emergencia. Esta base le permitirá llegar a estar bien financieramente entonando sus músculos.

Usted ha atacado su deuda; y esta ha desaparecido. Con dinero extra después de eliminar su deuda, atacó su fondo de emergencia; y está abastecido. Se encuentra ahora en un momento crucial. ¿Qué hace usted con el dinero extra que volcó en el fondo de emergencia, en pagos de deuda, en ahorros y en capacitación? ¡Este no es el momento de darse a usted mismo un aumento!.

Usted tiene un plan y está triunfando. ¡Manténgalo! Está a dos cuartos de un juego a cuatro. Es hora de invertir.

HABLEMOS DE INVERSIONES

Las dos principales causas de estrés en las personas son: La administración del tiempo y la administración de su dinero.

¿QUE SON FINANZAS?

Son el conjunto de actividades relacionadas con la *inversión* del dinero.

Finanzas (para mi). "Es el arte y la ciencia de *hacer* dinero"

¿SABES CUÁL ES LA DIFERENCIA ENTRE "GANAR" DINERO Y "HACER" DINERO?

Cuando *ganamos* dinero, trabajamos para los demás;

Cuando *hacemos* dinero, el dinero trabaja para nosotros.

¿QUÉ ES INVERTIR?

Es emplear dinero en un negocio para lograr provecho.

Sólo hay dos clases de Inversión, no hay otra, todas las demás derivan de estas dos:
1) Inversión para aumentar su capital.

2) Inversión para tener flujo de efectivo.

Un ejemplo de la primera es cuando compras un activo (casa, carro, Etc.) y luego lo vendes a un precio mayor y te ganas la diferencia.

Un ejemplo de la segunda es cuando compras uno de estos mismos bienes pero no los vendes, sino que los pones a producir alquilándolos por una renta.

¿CUÁL ES LA MEJOR?

Usa la Regla de los 30 años. Si tienes menos de 30 años invierte para aumentar tu capital. Si tienes más de 30 años invierte para tener flujo de efectivo.

La diferencia entre el rico y el pobre, es que: El rico invierte su dinero y gasta lo que le queda; mientras que el pobre gasta su dinero e invierte lo que le queda (si es que le queda algo)

*CREA UNA COLUMNA DE ACTIVOS
QUE GENEREN INGRESOS PASIVOS*

¿Qué es esto?

Bienes que generan ingresos sin tener que ir a trabajar. (Ingreso Pasivo)
No es que el trabajo sea malo, es que mientras más usted trabaja, menos tiempo tiene para dedicarle a su familia, su entretenimiento, su relación con Dios, Etc.

Compre bienes para la renta. El rey Salomón, el hombre más rico y más sabio que jamás existió, aplicó este principio. *"El peso del oro que Salomón tenía de renta cada año, era de seiscientos sesenta y seis talentos de oro"* (1 Reyes 10: 14). Unos 22 mil kilos de oro..

Estudien al rey Salomón e inviertan como él.

HAGAN QUE SU DINERO TRABAJE PARA USTEDES

Invertir significa cosas diferentes para diferentes personas. Para algunos invertir significa bienes raíces y nada más. Para otros, acciones, bonos y fondos de inversión es la mejor forma de hacerlo.

Si tú eres como mucha gente, puede ser que tengas la misma perspectiva sobre las inversiones que tus padres. Si tus papás eran dueños de media docena de casas en renta, quizá te inclines hacia inversiones en bienes raíces tú mismo. Si tu familia prefería opciones de bajo riesgo, como cuentas de ahorro con inversión a la vista, quizá te encuentres haciendo lo mismo.

Todo está bien y es bueno, particularmente si tu cónyuge tiene una mentalidad similar. No obstante, los problemas pueden generarse cuando el esposo y la esposa tienen puntos de vista completamente diferentes sobre lo que es invertir de manera sabia. Cuando las parejas no coinciden sobre cómo invertir su dinero, se pueden levantar varios problemas potenciales.

El primer peligro es que la pareja evite el tema por completo. Eso es por supuesto, una manera de "mantener la paz" en la familia, pero les puede costar el precio de no concretar recursos financieros para su familia.

El segundo peligro es que un miembro de la pareja tome las decisiones de inversión, dejando al otro en la oscuridad. Esto puede establecer el fundamento de una falta de armonía matrimonial, especialmente si el proyecto fracasa y se pierde el dinero.

Tercero, las parejas que no están de acuerdo sobre estrategias de inversión no solo pierden los rendimientos financieros, sino que se pierden de la diversión de trabajar juntos como equipo y la emoción de cosechar las recompensas de su labor conjunta.

En el proceso de descubrir su estilo de inversión como pareja y de trabajar juntos como un equipo exitoso, háganse las siguientes preguntas.

¿EN QUÉ INVERTIR?

- *Crea tu propia empresa o negocio*. La base fundamental para alcanzar la libertad financiera es crear tu propia empresa. Es esta la que te permitirá crear una columna de activos que generen ingresos pasivos. Una empresa es un negocio que produce bienes y servicios que sacan a una sociedad de la pobreza. Esta debe ser tu primera inversión.

- *Bienes Raíces.* Históricamente esta es la mejor inversión. Involucra comprar una propiedad con el solo propósito de tener ganancias. Con una propiedad existen maneras incontables de obtener ganancias de tu inversión. Las inversiones de "reparación y reventa" consisten en comprar una propiedad, remodelarla y luego revenderla con una ganancia. Las rentas residenciales o comerciales te ayudan a tener un retorno de tu inversión al rentarle tu propiedad a otras personas. Las inversiones de "propietarios en común" te permiten poseer un porcentaje de una propiedad de gran tamaño, administrada de manera profesional, como un complejo de apartamentos, un edificio de oficinas o un centro comercial. Si te parece que los inmuebles son muy costosos, invierte en inmuebles que estén en Remate Judicial (Tribunales), fue de esta forma que se enriqueció Donald Trump... y yo.

- *Renta Fija y renta variable.* Una renta es un producto de inversión con impuestos diferidos que es vendido por aseguradoras, bancos, firmas de corredores y empresas de fondos de inversión. Algunas rentas son fijas y dan un rendimiento a una tasa fija durante un año o más, pero luego pueden aumentar o disminuir esa tasa. Las rentas variables les permiten a los inversionistas colocar su dinero en un paquete de inversión dentro de una subcuenta; el rendimiento depende del desempeño de las inversiones seleccionadas. Las rentas indexadas garantizan el capital y pagan un porcentaje del índice de retorno al inversor, condicionado a lo acordado en el contrato.

- *Acciones.* Estas representan una participación en la propiedad de una empresa. En esencia, cuando uno compra una acción, se convierte en copropietario de esa empresa. Por ejemplo, si una empresa vendió 100 acciones, y tu compras 10, literalmente serías el dueño de la décima parte de la empresa. Como accionista, no llegas a tomar decisiones sobre cómo se administra la empresa, pero puedes participar de la elección de la junta directiva, quienes toman las decisiones por ti. Con el fin de mantener a los accionistas contentos, la administración de la empresa debe ganar dinero y dar un poco a sus inversionistas. Este retorno se llama "dividendo". Personalmente recomiendo la Inversión en acciones que se cotizan en la Bolsa de Valores de Nueva York, por ser la más líquida y más grande del mundo.

- *Bonos.* Un bono es un préstamo a una empresa. De una manera similar a como los consumidores van al banco para pedir prestado dinero para la compra de una casa, una empresa puede financiar un gran proyecto por medio de vender bonos. La empresa ahora tiene una deuda, que debe pagar a los dueños de los bonos, con intereses, antes de que se pueda declarar una ganancia. Los países también venden bonos, por ejemplo los bonos del tesoro de los Estados Unidos de América.

- **_Fondos de inversión._** Este es un fondo que se hace con el dinero de muchos inversionistas, el cual un administrador profesional de fondos utiliza para comprar acciones y bonos de muchas empresas diferentes. El propósito detrás de un fondo de inversión es ayudar a controlar el riesgo y tener acceso a una administración profesional del dinero. Un fondo de inversión puede ostentar muchas acciones de cientos de empresas a lo largo de varias industrias e incluso de diferentes países. Dentro de un fondo con activos múltiples y diversos, si una empresa enfrenta dificultades probablemente no impacte el fondo, ya que sería refaccionada por el rendimiento del resto de los activos. Los fondos de inversión pueden variar de lo extremadamente conservador a los extremadamente agresivos. Sin importar si compras acciones, bienes raíces o inviertes en fondos de inversión, el punto es hacer que tu dinero trabaje duro para ti.

- **_En las personas._** Invertir en las personas es como invertir en la bolsa de valores, con la diferencia que siempre vas a obtener una rentabilidad, aunque no sepas en qué tiempo. Invertir en las personas es exactamente como hacer crecer una cuenta de ahorros. Esta podría empezar lentamente, pero lo que pones en ella te da un gran rendimiento, así como los intereses compuestos obran con las finanzas. La inversión en la gente crece mucho a través del tiempo. La ley más poderosa del universo es la ley de la siembra y la cosecha. Todo lo que el hombre siembra, eso cosechará.

En el Reino de Dios. _"No traten de amontonar riquezas aquí en la tierra. Esas cosas se echan a perder o son destruidas por la polilla. Además, los ladrones pueden entrar y robarlas. Es mejor que amontonen riquezas en el cielo. Allí nada se echa a perder ni la polilla lo destruye. Tampoco los ladrones pueden entrar y robar"._ (Mateo 6: 19-20 TLA). Cuando estamos en este nivel damos con generosidad y cosechamos abundantemente.

Todos los grandes millonarios del mundo del cual tengo conocimiento, se han enriquecido usando estos vehículos de inversión. No invente, no existe otra forma.

¿CON QUÉ RIESGO SE SIENTEN CÓMODOS COMO PAREJA?

Algunas inversiones son más riesgosas que otras. Algunos creen que entre más riesgosa es la inversión, es mayor el potencial de retorno. Juntos, tú y tu esposa (si eres casado) necesitan determinar la cantidad de riesgo con el que se sienten cómodos. Si tanto tú como tu cónyuge disfrutan el riesgo o buscan seguridad (y en grado similar), probablemente no van a enfrentar problemas en este aspecto. He encontrado que en *ninguna* pareja los cónyuges son exactamente iguales en este aspecto, así que tienen que negociar y ceder.

El siguiente cuestionario puede ayudar a las parejas a identificar sus niveles de riesgo de inversión. Lean las siguientes preguntas, y marquen el número que más se acerque a describir sus creencias y su situación financiera. Luego sumen sus respuestas para determinar su puntaje total. Que tu cónyuge haga lo mismo: les sugiero que lo hagan por separado con el fin de obtener una mayor comprensión de donde se encuentra cada uno de ustedes.

CUESTIONARIO DE RIESGOS DE INVERSIÓN

A) De mi ingreso bruto, gasto los siguientes porcentajes en compromisos como tarjetas de crédito, pagos del automóvil, renta o hipoteca, diezmos y ofrendas:
1. Más de 50%
2. Entre 33 y 50%
3. Menos de 3%

B) Para mí, apartar dinero para gastos anticipados (como el retiro, la universidad de mis hijos y donativos futuros a mi iglesia) y para gastos imprevistos (como emergencias y reparaciones en la casa o el automóvil) es:

1. Ideal, cuando puedo hacerlo.
2. Algo que simplemente hago.
3. Una prioridad de la que me encargo antes de pagar otros compromisos.

C) En caso de una crisis financiera, actualmente tengo ahorros de emergencia que me podrían permitir pagar:
1. Menos de dos meses de gastos fijos.
2. Entre dos y cinco meses de gastos fijos.
3. Seis meses o más de gastos fijos.

D) Creo que la probabilidad de que experimente una baja dramática en mis ingresos o que incremente mis gastos en los próximos dos años es:
1. Bastante probable.
2. Posible.
3. Bastante improbable.

E) Clasificaría mi experiencia como inversionista como:
1. Principiante.
2. Experimentado.
3. Sofisticado.

F) La declaración que describiría mejor mi actitud hacia la volatilidad es:
1. Me siento incómodo sabiendo que el mercado está provocando fluctuaciones en el valor de mi cuenta.
2. Entiendo que el mercado sube y baja; así son las cosas.
3. Me encanta la volatilidad porque creo que me ayuda a comprar mis inversiones en "oferta".

G) Si el valor de mis acciones bajara, yo:
1. Vendería al primer indicio de baja.
2. Vendería si el valor de mi inversión baja 25% o más en un año dado.
3. Consideraría comprar más acciones a ese valor menor por acción.

H) La mayoría de mis inversiones actuales consisten en:
1. Plazos fijos, cuentas de ahorro, mercados de dinero, bonos gubernamentales y demás.
2. Acciones de grandes empresas, bonos, fondos de inversión.
3. Acciones de pequeñas empresas, fondos de inversión agresivos, posiciones de crecimiento.

I) Mi posición con respecto al riesgo se podría caracterizar mejor por la declaración:
1. No me importa lo que esté haciendo el mercado. Necesito sentir que mi inversión está "segura" o por lo menos "garantizada", incluso si eso significa que tengo que pagar mayores comisiones u obtener un retorno menor.
2. Quiero una mejor tasa que sienta que pueda sostener a lo largo del tiempo. Quiero crecimiento así como cierto grado de estabilidad. No necesito grandes retornos, pero estoy dispuesto a tomar riesgos para tratar de ganarle a la inflación.
3. Debería tratar de obtener el retorno más alto que pueda obtener de manera real. Sé que eso significa que mi portafolio va a sufrir fluctuaciones en su valor. No obstante, creo que esas bajas temporales son el pecio que hay que pagar por los retornos que espero con el tiempo.

Suma el valor numérico de cada una de tus respuestas y revisa tus puntajes en la tabla siguiente:

Puntaje total:	Perfil de inversionista:
9-15	Inversionista conservador
16-24	Inversionista moderado
25-27	Inversionista agresivo

¿De qué manera difiere tu perfil con el de tu cónyuge? Si hay una diferencia en sus estilos preferido de invertir, habrá un punto medio en el cual puedan estar ambos de acuerdo?

UN CONSEJO DEL REY SALOMÓN: LA DIVERSIFICACIÓN

"Comparte lo que tienes entre siete, y aun entre ocho, pues no sabes qué calamidad pueda venir sobre la tierra". (Eclesiastés 11: 2 NVI)

Un consejo de este genio de las finanzas es la diversificación. La diversificación está relacionada con la palabra "diverso", la cual significa "diferente". Es un principio de inversión que se encuentra en Eclesiastés 11: 1-8. La abuela lo decía de este modo: "No pongas todos los huevos en un sola canasta".

En su libro *Storm Shelter* (Refugio tormentoso), Ron Blue detalla varios tipos diferentes de diversificación y desarrolla seis pasos consecutivos para lograr una buena diversificación de las inversiones.

Clase y categoría (acciones, bonos, bienes raíces, etc.)
Estilo de inversión (valor, crecimiento, baja capitalización)
Diferentes administradores de fondos
Tiempo (según se trate de acciones o bonos)
Geografía (internacionales, nacionales, etc.)
Inversiones específicas

Blue sugiere que consideremos esos factores en el orden presentado, y la idea es mezclarlos en la medida de lo posible. Invierta en diferentes categorías, con diferentes estilos, en distintos tiempos y en diversos lugares geográficos.

El genio del mercado de valores Norman Fosback ilustra el poder matemático de diversificar en diferentes tipos de acciones y detalla la cantidad de riesgo que podemos eliminar con el simple hecho de comprar diferentes acciones y hacer lo que nos dijo la abuela "No pongas todos los huevos en un sola canasta". Esta parte corresponde a la sexta categoría de Blue.

Fosback escribe en Stock *Market Logic* (Lógica del mercado de acciones):

N° acciones en Portafolio	% de riesgo eliminado
2	46%
4	72%
8	81%
16	93%

Los números de Fosback muestran el poder de las palabras de la abuela y la sabiduría de la Biblia. Por nuestra seguridad, diversificamos el riesgo y esparcimos las inversiones. Además mantenemos las inversiones sin liquidar posiciones a pesar de las alzas y bajas del mercado.

Por supuesto, si no empezamos por ahorrar, todos los consejos de los expertos se quedan en teoría.

Necesitamos paciencia para ahorrar. La Biblia la describe así en Proverbios 13: 11 *"Las riquezas de vanidad disminuirán; pero el que recoge con mano laboriosa las aumenta"* El reto que enfrentamos al ahorrar es la paciencia, que es un fruto del espíritu.

NUNCA ES DEMASIADO TARDE PARA EMPEZAR

Nunca es demasiado tarde para empezar. George Burns ganó su primer Óscar a los ochenta años. Golda Meir fue Primer Ministro de Israel a los setenta y un años. Miguel Ángel pintó el techo interior de la Capilla Sixtina inclinándose sobre sus espaldas en un andamio a los sesenta y un años. El coronel Sanders nunca hizo un pollo frito por dinero hasta que tuvo sesenta y cinco años, y Kentucky Fried Chicken es una marca mundial.

Albert Schweitzer estaba practicando cirugía en África a los ochenta y nueve años. Moisés inició su viaje de Egipto a la tierra prometida a los ochenta años y llegó cuando tenía ¡ciento veinte años! Nunca es demasiado tarde para empezar. El pasado ha pasado. Comience donde está, porque esa es su única opción. Sin embargo, una nota para todos ustedes menores de cuarenta años: Todos los que somos mayores de cuarenta estamos dándoles un grito colectivo: ¡INVIERTA AHORA!

El séptimo paso es: "Hágase rico rápidamente". La inversión que usted hace sistemática y constantemente lo hará rico con el tiempo. Si no toma en serio esto saltando de aquí para allá, siempre hallando algo más importante que la inversión, está condenado a ser uno de esos sesentones que todavía trabajan porque *tienen* que trabajar. Sistemáticamente, la inversión constante es la tortuga que vence a la liebre.

Cuando usted se mantiene firme, la inversión se multiplica y explota. Lo siguiente, escrito por Timoty Gallway siempre me recuerda este concepto:

"Cuando plantamos una semilla de rosa en la tierra, advertimos que es pequeña, pero no la criticamos como algo "sin raíces y sin tronco". La tratamos como una semilla, y le damos el agua y la nutrición que necesita una semilla. Cuando brota de la tierra por primera vez, no la condenamos por inmadura y subdesarrollada; no criticamos los capullos por no estar abiertos cuando aparecen. Nos quedamos maravillados ante el proceso que ocurre, y damos a la planta el cuidado que necesita en cada etapa de su desarrollo. La rosa es rosa desde el momento en que es una semilla hasta el momento en que muere. Dentro de ella, en todo momento, está su potencial completo. Parece estar constantemente en el proceso de cambio. Sin embargo, en cada estado, en cada momento, está perfectamente bien como es. Una flor no es mejor cuando está florecida que cuando no es más que un capullo; en cada etapa

es la misma cosa...una flor en el proceso de alcanzar su potencial".

La historia de la rosa se aplica al potencial humano y a que no se defina por lo que hacemos, sino más bien por lo que somos. *Atrévete a Ser Rico, Perfeccionando el Arte de Hacer Dinero* y el estado de sus inversiones son similares. Impúlsese con intensidad hacia el florecimiento, pero sepa que siempre que estén los pasos progresivos, está ganando. Es cierto, no se nos define por la riqueza; sin embargo, la aplicación de *Atrévete a Ser Rico* afectará su riqueza, así como sus emociones, sus relaciones y su condición espiritual. Este es un proceso "total"

CREACIÓN DE RIQUEZA

¿Cuál fue el propósito de leer *Atrévete a Ser Rico, Perfeccionando El Arte de Hacer Dinero*? ¿Por qué lo hizo? ¿Por qué tanto sacrificio y trabajo? Estar endeudado y fuera de control no requiere mucho esfuerzo. ¿Por qué pasar esas inconveniencias? ¿Por qué desea tener riquezas? Si cree que la riqueza tiene la respuesta a todas las preguntas de la vida y lo convierte en una persona libre de problemas, está equivocado. He tenido riqueza dos veces en la vida, y no fue libre de problemas; en realidad, la mayoría de los problemas se escriben con varios ceros. La riqueza no es un mecanismo de escape. Es más bien una tremenda responsabilidad. De modo que, ¿qué haría usted con 5 millones de dólares que le costaron cuarenta años adquirirlos?

Después de estudiar varios años, enseñar y aun predicar sobre el tema, encuentro solo tres buenos usos del dinero. El dinero es bueno para DIVERTIRSE. El dinero es bueno para INVERTIR. Y el dinero es bueno para DAR. Todo lo demás que pudiera hacer con el dinero no representa buena salud mental y espiritual de su parte. Así que, si tiene algún día 5 millones de dólares, debe hacer estas tres cosas. Realmente, mientras da los pasos hacia la riqueza, debería hacer estas tres cosas.

capacitados que usted si pueden explicar cuestiones complejas de manera que pueda entenderlas. Si un miembro de su equipo desea que usted haga algo "porque yo lo digo", cambie de miembro. Dios no les dio a ellos la responsabilidad de su dinero. Se la dio a usted.

DAR ES EL MAYOR PREMIO DE TODOS LOS EJERCICIOS

"El alma generosa será prosperada; y el que saciare, él también será saciado." (Proverbios 11: 25)

La porción más madura de quién es usted se reunirá con el niño que lleva adentro a medida que aprende a involucrase en el uso final del dinero, que es DAR. Dar es posiblemente lo más divertido que jamás hará con su dinero. DIVERTIRSE es bueno, pero se cansará del golf y de los viajes, y si come suficiente, la langosta comienza a saberle a jabón. INVERTIR es bueno, pero dar vueltas y vueltas alrededor del cartón de Monopolio al fin pierde su atractivo, especialmente después de alcanzar el pináculo. Toda persona saludable mental y espiritualmente ha sido transformada por la virtud de dar. Puedo asegurarle que las personas más ricas del mundo comparten en común el amor por DAR.

Dale Carnegie, dijo: *"nadie es capaz de enriquecerse sino enriquece a los demás".* Solo el fuerte puede ayudar al débil, y eso también es cierto con el dinero. A un niño pequeño no se le permite cargar a un recién nacido; solo los adultos que tienen fuerza muscular para mantener su seguridad deben cargar a los bebés. Si desea ayudar a alguien, muchas veces no puede hacerlo sin dinero. La Biblia establece que la verdadera religión es realmente ayudar al pobre (Santiago 1: 27).

Margaret Thatcher dijo: "Nadie habría recordado al buen samaritano si él no hubiese tenido dinero". El buen samaritano tenía buen corazón y una bolsa suficientemente rica para pagar al posadero el cuidado del herido. El dinero estuvo involucrado. El dinero brilló como lo mejor ese día. El dinero da poder para las buenas intenciones. Por eso no siento vergüenza de estar a favor de la creación de riqueza, porque es Dios quien *te da el poder para hacer las riquezas* (Deuteronomio 8: 18).

Uno de los pasajes bíblicos que más me ha impresionado sobre este punto del DAR, se encuentra en Mateo 25: 31-40

"Cuando yo, el Hijo del hombre, regrese, vendré como un rey poderoso, rodeado de mis ángeles, y me sentaré en mi trono. Gente de todos los países se presentará delante de mí, y apartaré a los malos de los buenos, como el pastor que aparta las cabras de las ovejas. A los buenos los pondré a mi derecha, y a los malos a mi izquierda. Entonces yo, el Rey, les diré a los buenos: "¡Mi Padre los ha bendecido! ¡Vengan, participen del reino que mi Padre preparó desde antes de la creación del mundo! Porque cuando tuve hambre, ustedes me dieron de comer; cuando tuve sed, me dieron de beber; cuando tuve que salir de mi país, ustedes me recibieron en sus casas; cuando no tuve ropa, ustedes me la dieron; cuando estuve enfermo, me visitaron; cuando estuve en la cárcel, ustedes fueron a verme." Y los buenos me preguntarán: "Señor ¿cuándo te vimos con hambre y te dimos de comer? ¿Cuándo tuviste sed y te dimos de beber? ¿Alguna vez tuviste que salir de tu país y te recibimos en nuestra casa, o te vimos sin ropa y te dimos qué ponerte? No recordamos que hayas estado enfermo, o en la cárcel, y que te hayamos visitado." Yo, el Rey, les diré: "Lo que ustedes hicieron para ayudar a una de las personas menos importantes de este mundo, a quienes yo considero como hermanos, es como si lo hubieran hecho para mí." (TLA)

Usted ha perdido peso, ha mejorado su sistema cardiovascular y ahora ha aumentado su musculatura porque ha pagado las deudas, ha ahorrado para las emergencias y ha invertido a largo plazo para el retiro y otras planificaciones. En esta etapa de *Atrévete a Ser Rico,* usted es Míster Universo del dinero, con notable musculatura. Tiene toda esa musculatura financiera, de modo que ahora debe hacer algo intencional con ella. No es solo echar un vistazo. Construimos ese súper cuerpo financiero por una razón. Para tener DIVERSION, para INVERTIR y para DAR.

SÍ, TENEMOS QUE DIVERTIRNOS

"Lo mejor que podemos hacer es comer y beber, y disfrutar de nuestro trabajo. He podido darme cuenta de que eso es un regalo de Dios" (Eclesiastés 2: 24 TLA).

Al niño dentro de nosotros le gusta la parte DIVERTIDA de esta ecuación. Y puesto que hemos hecho que este niño se comporte por largo tiempo con promesas de helados si lo hace, él debe recibir algún helado.

Una razón para hacer *Atrévete a Ser Rico* es crear riqueza que le permita divertirse. ¡Así que disfrute de alguna diversión! Llevar a su familia, aun a los miembros más lejanos, en un crucero de siete días, comprar diamantes y esmeraldas, o aun comprar un automóvil nuevo, son cosas que pueden permitirse cuando se tiene millones de dólares. Usted puede permitirse hacer esas cosas porque cuando las hace, su posición económica apenas es afectada. Si le gusta viajar, viaje. Si le gusta la ropa, compre alguna. Estoy dejándolo en libertad de disfrutar de alguna diversión con su dinero porque el dinero es para disfrutarlo.

Ese disfrute libre de culpabilidad es una de las tres razones para hacer *Atrévete a Ser Rico, Perfeccionando El Arte de Hacer Dinero.*

INVIRTIENDO ES COMO NOS MANTENEMOS GANANDO

"El trabajo tenaz da prosperidad; la especulación apresurada empobrece" (Proverbios 21: 5 LBD)

Al hombre maduro dentro de nosotros le gusta la INVERSIÓN de dinero porque es parte de lo que lo hace a usted rico.

El principio fundamental que usted debe practicar para llegar a ser un buen inversionista es el de gastar menos de lo que gana e invertir la diferencia a largo plazo.

Invertir puede sentirse un poco como el juego del Monopolio. Cuando juega Monopolio, puede subir o puede quedarse atrás. Algunas veces el mercado fluctúa, pero como somos inversionistas maduros navegamos sobre las olas, nos mantenemos allí a largo plazo.

"Comprar cuando está alto, vender cuando está bajo" no es la fórmula de la riqueza. Sea paciente con el mercado mientras permite que el ingreso del nido produzca. Usted puede optar por ser un poco más sofisticado, pero mientras no sobrepase los 10 millones de dólares, yo mantendría mi inversión muy simple.

Puede abarrotar su vida con multitud de cargas innecesarias haciendo inversiones sumamente complejas. Puede usar los sencillos fondos mutuos y bienes raíces libres de deudas, aun la bolsa de valores a mediano y largo plazo como su conjunto de inversiones, inversiones muy limpias, sencillas, con algunas ventajas tributarias básicas. Al llegar a este paso, si desea hacerlo, puede ser divertido.

Siempre administre su propio dinero. Debe rodearse de un equipo de personas de mayor capacidad que usted, pero quien toma las decisiones es usted. Puede saber si son más

CAPÍTULO 12

Un consejo final para alcanzar la libertad financiera

"Los pensamientos del diligente ciertamente tienden a la abundancia; mas todo el que se apresura alocadamente, de cierto va a la pobreza" (Proverbios 21: 5)

Libertad financiera no consiste en tener mucho dinero, ni ser multimillonarios. La libertad financiera se mide en tiempo; es decir, cuánto tiempo podrías sobrevivir cuándo ya no tengas que ir a trabajar.

Hay tres disciplinas fundamentales que llevan a la inversión exitosa:

1.) Lograr que lo que ganamos, sea superior a lo que gastamos, mientras mayor sea la diferencia, mejor. Invierte esa diferencia a largo plazo.

2.) Que lo que ganamos tenga su origen en nuestros ingresos pasivos, o sea, aquellos ingresos que obtenemos sin necesidad de ir a trabajar; en esta etapa el dinero trabajará para nosotros y no nosotros para el dinero; y

3.) Poder disfrutar de nuestras riquezas materiales, con calidad de vida, es decir, con salud espiritual, corporal y mental.

Es en este momento cuando realmente habremos alcanzado la libertad financiera.

La frase del versículo *"el que se apresura"*, en algunas versiones de la Biblia usa *"especulación precoz"*. La inversión es una disciplina a largo plazo; la especulación es una apuesta a corto plazo. Los "Inversionistas" que no tienen experiencia, frecuentemente cometen errores, tirando para batazos largos y terminando fuera del juego. Aprende a reconocer las inversiones con riesgo.

1.) No te engañes con ganancias que suenan inusualmente altas y "prácticamente garantizadas".

2.) No hagas inversiones que requieren una decisión rápida – que no permiten una completa investigación.

3.) Preocúpate por inversiones que requieren muy poco o nada de tu parte y que no informan sobre las posibilidades de pérdida.

4.) ¿Eres un inversionista disciplinado? Dada la complejidad del mundo financiero de hoy día, nunca ha sido más importante el observar las tres disciplinas de la inversión exitosa.

5.) Edúcate en ti mismo en lo material de la inversión antes de comprometer tu dinero. Tratar de ganar sobre todas las posibilidades es atrayente, pero como dice el versículo: *"de cierto va a la pobreza"*.

6.) Recuerda, la columna vertebral para alcanzar la libertad financiera por medio de los negocios y las inversiones, es creando tu propia empresa, no trabajando para los demás. Cuando termines la universidad no busques jefes, mejor encuentra clientes. Tu empresa o tu emprendimiento es lo que te permitirá adquirir las inversiones que menciono en *Atrévete a Ser Rico, Perfeccionando El Arte de Hacer Dinero.*

Si quieres saber cómo crear una empresa de éxito paso a paso, te recomiendo hacer el Taller "*Atrévete a Emprender*" que hemos diseñado en nuestra página web: www.emprendevenezuela.com

"Empiece haciendo lo necesario, luego haga lo posible, y de repente, estará haciendo lo imposible"
San Francisco de Asís.

Dios te bendiga.

www.ingramcontent.com/pod-product-compliance
Lightning Source LLC
Chambersburg PA
CBHW061441180526
45170CB00004B/1502